Tout savoir sur les vampires

Pedro Palao Pons

TOUT SAVOIR SUR LES VAMPIRES

À travers l'histoire, les légendes et superstitions, l'art…

De Vecchi

Illustrations intérieures cédées par l'auteur (© Purestock et © Jupiterimages Corporation), à l'exception de l'icône d'identification des fiches (© Christine/Fotolia.com).

Conception graphique de la couverture et mise en page : © Palimpseste.

Photographies de couverture : © cygnusx/Fotolia.com et © srnicholl/Fotolia.com.

Traduit de l'espagnol par Manuela Rodriguez.

L'Atlantic
5, allée de la 2e DB
75015 Paris

À Anaïs, pour son aide et sa collaboration au recueil de mythes et de légendes de vampires, mais surtout pour ses connaissances encyclopédiques sur le phénomène de la saga Twilight.

À tous les « morts-vivants », et à tous ceux qui un jour ont décidé d'embrasser l'obscurité pour permettre à leur âme de trouver la lumière.

Introduction

Brucolaques, vurdalak, strigoï... Certains mots ne devraient pas être prononcés. Ce sont des noms propres qui, d'après les légendes et le folklore de chaque pays ou culture, ont le pouvoir d'ouvrir les portes de certains abîmes très dangereux. Ces portes donnent sur des couloirs aveugles dans lesquels on devine parfois des entrées conduisant à d'irrationnelles salles obscures, les salles de la peur et de la terreur, bien au-delà de la raison. Bien sûr, pour la plupart des gens, tout cela n'a pas de sens, pour la simple raison que les vampires n'existent pas, n'est-ce pas ? C'est le grand avantage des vampires : personne n'y croit, du moins de nos jours. Si vous faites partie de cette majorité, vous n'avez aucun souci à vous faire. C'est pourquoi, même si vous percevez un souffle glacial sur votre nuque pendant la lecture de ce livre, avant tout, gardez votre calme : que peut-il arriver ? En fin de compte, un mort-vivant ou non-mort n'est qu'une espèce de spectre pouvant prendre forme humaine et qui, pour subsister et maintenir sa vitalité, a besoin de sang... Mais, bien sûr, si l'on refuse son existence, si quoi que ce soit se produisait, on pourrait toujours dire que ce n'était qu'un rêve. C'est du moins ainsi que l'on raisonnait à d'autres époques, lorsque la présence de vampires était cataloguée par les autorités ecclésiastiques comme de simples hallucinations.

Mais si les vampires n'existent pas, on est en droit de se demander pourquoi on en entend parler depuis des siècles. Ils ne sont qu'un mythe ? Une pure fiction ?

Les vampires ne sont pas nés avec Dracula et la narration de leurs aventures n'est pas aussi nouvelle qu'il y paraît. C'est que la croyance dans les êtres obscurs de la nuit nous accompagne depuis des siècles.

Bien avant la célèbre saga *Twilight* de Stephenie Meyer et des non moins populaires *Chroniques des vampires* d'Anne Rice, avant encore que des dizaines d'acteurs, tels Béla Lugosi – qui a fini par se prendre pour son personnage de vampire – ou Christopher Lee, interprètent au cinéma des rôles de créatures avides de sang, ces dernières peuplaient déjà la littérature et le théâtre. Oui, effectivement, nous ne croyons pas à l'existence des non-morts. Mais d'où venait l'inspiration des auteurs qui leur ont donné vie dans leurs œuvres ? Était-ce de la créativité à l'état pur, ou y avait-il autre chose ?

Certains vampires nous ont captivés à travers des séries télévisées comme *Moonlight* ou *True Blood*, et ils ont fini par acquérir un certain degré de normalité dans nos vies. Nous en avons suivi d'autres dans des films plus ou moins réussis tels que *Van Helsing*, *Blade*, *Underworld* et, bien sûr, l'œuvre maîtresse de Francis Ford Coppola, la plus classique et mémorable de toutes : *Dracula* – encore un nom que théoriquement il vaut mieux ne pas prononcer en certains lieux. La question est : pourquoi, parmi tous les films d'horreur, ceux de vampires semblent connaître le plus grand succès ? Simple hasard ? Peut-être.

Pendant des décennies, on a associé le nom de Dracula au mythe des vampires. Personne ne croyait en lui et la plupart des gens partaient du principe qu'il s'agissait d'un personnage créé sous les auspices de la licence littéraire. Mais plus d'un frisson et d'une sensation de crainte ont saisi les lecteurs ou les spectateurs du XXᵉ siècle qui se sont donné la peine de chercher ce que cachait cette fantaisie magistralement écrite par Bram Stoker sous le titre de *Dracula*.

Nous aurons le temps – mais pas l'éternité dévolue aux vampires – de connaître de plus près cet incontestable « père » du mythe vampirique moderne, mais… qui l'a inspiré ? Nous savons aujourd'hui que ce fut peut-être – la plupart des recherches vont dans ce sens – un personnage bien réel : la comtesse Erzsébet Báthory, une perle de la noblesse hongroise qui vécut entre les XVIe et XVIIe siècles, et qui assassinait ses suivantes pour boire leur sang.

Naturellement, on a aussi pensé que Stoker avait pour source le prince roumain Vlad Tepes, affectueusement connu sous le nom de Vlad l'Empaleur, un sinistre personnage qui, d'après la légende, adorait déjeuner d'œufs crus en plein air, tout en contemplant autour de lui des dizaines de cadavres – dont certains visages gardaient encore une expression de douleur – dûment empalés sur un tronc qui les transperçait de la bouche à l'anus.

Erzsébet et Vlad étaient-ils des vampires ? Non, puisque la logique nous dit que les vampires n'existent pas… Ils ne furent pourtant pas les seuls à mordre pour sucer et engloutir du sang humain.

Tout au long de l'histoire, des dizaines de cultures sous toutes les latitudes ont rendu un culte à cette précieuse substance vitale rouge et à son prétendu pouvoir d'immortalité, ainsi qu'aux êtres qui, des profondeurs de l'au-delà, règnent sur cet élément liquide. D'étranges et puissantes créatures, tantôt hideuses, tantôt séductrices, mais toujours – ou la plupart du temps – mortelles.

Au Moyen Âge, le mythe du vampire, que l'on trouvait déjà dans les mythologies classiques grecque ou romaine, s'est considérablement renforcé. À cette époque, la liste des candidats vampires était assez longue. Elle était constituée de guérisseurs et de nécromanciens, et plus généralement de sorciers ou mages en tout genre qui recouraient aux sacrifices de sang pour leurs préparations médicales ou magiques. Par ailleurs, on pensait qu'après sa mort une personne ensorcelée pouvait se transformer en vampire. L'Église profita de cette croyance pour lancer la fable que les excommuniés ou les personnes qui avaient été maudites par leurs parents et se trouvaient en état de péché encouraient le même sort.

Bien sûr, le mythe se propagea plus que partout ailleurs avec une intensité désolante dans les zones rurales d'Europe orientale, où des maladies inconnues et incurables à l'époque, telles la schizophrénie, la porphyrie ou la catalepsie, furent très vite associées aux non-morts.

Certes, il s'agissait de figures mythologiques, tout comme celles auxquelles les Perses n'osèrent pas donner de nom afin de ne pas déchaîner leur colère. À ce qu'on disait, c'étaient des êtres qui vivaient cachés au milieu des ombres des cimetières – même en plein jour. Bien sûr, on trouve aussi ces figures africaines, non moins malignes, qui recevaient le nom de *sasabonsam*, des vampires avec des crochets en guise de pieds qui attaquaient leurs victimes en leur mordant le pouce pour leur sucer tout leur sang. Cela sans parler d'êtres comme Bajang, le vampire malais qui avait le pouvoir d'apparaître sous la forme d'un splendide chat, qui, une fois qu'on le caressait, se transformait en absorbeur des âmes… Mais, encore une fois, ce ne sont que des mythes et des légendes, n'est-ce pas ? Alors qu'avons-nous à craindre ? Rien, certainement. À moins que… ?

L'histoire des vampires traverse toutes sortes de frontières. Les Mésopotamiens avaient leurs *utukku* ou leurs *maskin*, d'étranges créatures nocturnes dotées d'ailes membraneuses qui semaient le mal. En Asie Mineure, ces créatures, et celles qui leur ressemblaient, étaient connues sous le vocable de *Lilitu*, et elles se nourrissaient du sang des nouveau-nés.

Peut-être tous ces êtres n'étaient-ils que de petits démons vampiriques liés à de *sanguinaires* dieux asiatiques, comme par exemple le populaire Baal, qui exigeait qu'on lui rendît un culte avec du sang animal ou humain, ou la non moins célèbre Kali en Inde, dont le culte et les rituels sanglants sont toujours pratiqués de nos jours.

En changeant de latitude, les choses ne varient guère. L'Égypte craignait beaucoup les déesses aux formes de loup et dotées de canines acérées. Leurs noms, Srun et Apop, ne devaient pas être prononcés n'importe où, car elles pouvaient apparaître sur-le-champ – elles ou les étranges créatures vampiriques qui les surveillaient, certaines avec une forme humaine, dotées de puissantes canines et, naturellement, assoiffées de sang. Trop de coïncidences pour une chose qui n'existe pas et qui, comme nous le verrons dans la troisième partie de cet ouvrage, peut s'expliquer ? À l'évidence oui… ou non.

Les humains n'ont jamais été insensibles à la pensée du sang et du pouvoir que celui-ci représente. Depuis des temps immémoriaux, notre espèce l'a recherché, fait couler, et même dégusté au cours de rituels votifs complexes en l'honneur de dieux, de démons, ou par superstition. Ce faisant, avec le sang, c'était la vie, la force et l'esprit de l'animal chassé ou de l'ennemi vaincu qui étaient absorbés. Peut-être la plupart des mythes vampiriques viennent-ils de cette coutume de nos ancêtres.

Les anthropologues nous rappellent que bien des cultures primitives pensaient que le fait de manger la chair (et plus précisément le cœur, les yeux, voire les mains) et de boire le sang des chefs guerriers des autres tribus était une façon d'acquérir la sagesse, la force et le pouvoir du mort. Mais tout cela ne suffit pas à organiser un mythe ; un autre élément a dû motiver l'apparition de cette idée en rapport avec le retour de l'au-delà d'êtres qui avaient été sacrifiés, mal enterrés, maltraités de leur vivant, ou encore maudits par un prêtre, un chaman ou un sorcier. Ces entités d'outre-tombe revenaient pour réclamer, grâce à la vie de tierces personnes, le sang qui leur avait été dérobé et l'âme qu'elles avaient perdue.

Peut-être le vampirisme a-t-il pu se cimenter autour de la croyance que les morts revenaient d'une autre vie dans laquelle ils étaient tombés par erreur : un suicide, un assassinat, un décès après une lente agonie au cours de laquelle le malade s'était terriblement agrippé à la vie... Dans les cas de mort non naturelle, il permet aux vivants d'interpréter ce qui n'est pas normal comme une tentative de retour à la vie. Et, bien sûr, il n'y a pas de vie sans sang. Les croyances comme celles évoquées plus haut ont favorisé la prolifération de nouvelles dévotions – plus macabres encore s'il en fut – et ont permis au mythe du vampire d'arriver jusqu'au XIXe siècle – la littérature viendrait à son tour le nourrir –, et aux XXe et XXIe siècles qui verraient l'incarnation du vampire au cinéma et à la télévision.

Mais, pour que cela se fasse, le phénomène a dû réaliser un long parcours, parcours que nous allons retracer dans ces pages. Celles-ci ne seront en définitive qu'une chose : un voyage à travers l'histoire, une chronique du côté obscur, pervers, fantastique et superstitieux. Soyez donc les bienvenus dans le monde des créatures qui n'existent pas... à moins que...

PREMIÈRE PARTIE

Naissance des vampires

Les vampires n'ont pas toujours ressemblé à ce que nous connaissons aujourd'hui, et ils n'ont pas non plus toujours reçu ce même nom : de fait, il est relativement récent puisqu'il date du XVIIIe siècle. Au-delà de leur nom propre (que nous découvrirons au fil des fiches sur les vampires), toutes ces créatures ont pu être appelées démons, djinns, génies, âmes, fantômes, *daïmôn*, etc. Ces mots visaient généralement plus à englober une nature qu'à définir une classe ou un genre d'êtres en soi. Mais nous pouvons nous poser les questions suivantes : à quel moment surgissent les vampires, si tant est qu'ils le fassent ? Comment et pourquoi l'être humain se soucie-t-il de leur existence ? Quelle influence ces créatures ont-elles eue au fil des siècles ? Nous ne pourrons appréhender le phénomène vampirique que lorsque nous connaîtrons les réponses à ces questions, entre autres.

Les vampires dans la Bible

ADAM A-T-IL VÉCU AUX CÔTÉS D'UNE VAMPIRESSE ?

Selon une tradition hébraïque, la première femme d'Adam ne fut pas Ève mais une singulière créature féminine appelée Lilith, ou plutôt un démon volant à l'aspect suggestif et assez érotique que Dieu obligea à se nourrir de sang.

Une variante du mythe relatc qu'en fait Lilith ne s'en prenait qu'aux jeunes garçons qui n'avaient pas été circoncis, ce qui ferait de ce récit une espèce de guide liturgique pour, de façon plus ou moins directe, inciter les parents d'un jeune garçon à le circoncire le plus vite possible – en accord avec les préceptes religieux – afin d'éviter le châtiment de Lilith sur ceux qui ne le feraient pas.

La légende – qui n'est pas l'histoire – raconte que Dieu avait créé Lilith, la première femme d'Adam, avec la même boue que celle qu'il avait utilisée pour façonner ce dernier. Tous deux, nés d'un matériel unique, jouissaient de la même condition et des mêmes droits. Partant de cette égalité, Lilith ne se sentait ni faible ni inférieure à Adam, et elle voulait jouir, sans dépendre en rien de son compagnon, de toutes les bontés de la vie.

Un jour, Adam la supplia d'accepter une relation sexuelle avec lui, mais elle refusa, arguant que rien ne l'obligeait à copuler avec lui en étant toujours sous lui. Toujours d'après la légende, face à cette attitude, Adam persista dans l'idée de se mettre sur la femme. Lilith se rebella et refusa de se soumettre. En conséquence de quoi Adam tenta de la forcer. Se voyant au pied du mur, Lilith commit l'irréparable transgression et prononça le nom de Dieu : Yahvé, le nom qui ne peut être dit, qui contient la force vitale pouvant transformer quiconque le prononce en un démiurge capable de créer la vie à partir du néant le plus absolu.

Lilith avait transgressé la loi fondamentale de l'obéissance, elle avait osé défier Dieu en prononçant son nom. Par cette audace, suivant la tradition juive qui affirme que le véritable nom de tout être permet de connaître son essence et d'avoir du pouvoir sur lui, Lilith a transgressé la limite, elle a ouvert les deux battants des portes de l'interdit et est ainsi devenue un déesse.

Et Lilith partit pour les ténèbres

La première femme d'Adam s'était écartée du monde de Dieu, elle l'avait renié et était passée du côté obscur, dans le monde de l'interdit. Se sentant seul, Adam demanda une nouvelle compagne à Dieu. D'après le mythe, ce fut Ève, femme surgie d'une côte d'Adam et non pas de la boue, grâce à l'intervention divine, afin qu'ainsi se maintienne l'essence de l'être qui n'avait pas renié son Créateur.

De son côté, Lilith, pour continuer à manifester son opposition à la divinité, en vint à se transformer en serpent, celui-là même qui, dans la tradition judéo-chrétienne, offrit la pomme de l'arbre du bien et du mal à Ève. Symboliquement, ce fruit ne représente pas seulement la désobéissance : il est le fruit de la connaissance et du libre arbitre. Lilith était devenue une diablesse.

Les mythes nous disent que, une fois installée du côté obscur, celle-ci est entrée en contact avec les créatures qui y vivaient. Elle finit par devenir la maîtresse des démons féminins, connus sous le nom de succubes. C'était une nymphomane capable de séduire ses amants et de les tuer en les étranglant à l'aide de sa longue chevelure. Mais elle n'était pas la seule créature malveillante des lieux ; d'autres êtres sévissaient également sur ses domaines :

• **Harpies** : monstres ailés vengeurs, avec une tête et une poitrine de femme.

• **Stryges** : macabres chouettes nocturnes qui voient tout.

• **Lilu** : il s'agit du démon babylonien qui recueille l'esprit de la vérité.

• **Érinyes** : implacables filles de la nuit, leur chevelure est faite de serpents, elles ont les yeux injectés de sang, elles tourmentent les malfaisants en les rendant fous.

• **Moires ou Parques** : mélancoliques déesses qui se chargent de tisser la vie des hommes avec le fil qui se crée au gré de leurs actes. À la naissance, elles assignent le bien et le mal à parts égales. C'est l'homme qui décide ensuite de leurs répartitions respectives, semant ainsi son propre destin.

• **Gorgones** : terrifiantes habitantes des Enfers, recouvertes d'écailles dorées, des serpents en guise de cheveux, de puissantes ailes et des dents acérées, la langue toujours sortie. C'étaient des monstres immortels qui transformaient en pierre quiconque les regardait.

Une femme vampire antérieure à Lilith

Dans un premier temps, le lecteur peut penser que le mythe de Lilith jaillit du néant, ou d'un excès de créativité de la part des Hébreux, mais rien n'est moins vrai : cette vampiresse pourrait reposer sur la figure babylonienne de Lilitu, à la fois femme et démon qui, selon les Babyloniens, entrait furtivement dans les maisons où vivaient des nouveau-nés car elle avait besoin de leur sang pour se nourrir.

Comment les Babyloniens en sont-ils venus à créer ce personnage ? Peut-être se sont-ils inspirés de sources assyriennes, antérieures, où la crainte de la mort et de la maladie avait favorisé la naissance de toutes sortes de superstitions.

On a trouvé une preuve de cette peur des Babyloniens à l'égard des vampires – même s'ils ne les appelaient pas ainsi –, et par extension de leur « Lilith » à eux, dans un sceau cylindrique sur lequel on peut nettement voir l'image d'un homme endormi aux côtés d'une femme. Celle-ci est assise, nue, et présente un visage démoniaque. S'agit-il de la représentation artistique d'un cauchemar ou est-ce une vampiresse babylonienne ? Quoi qu'il en soit, ce sceau met en évidence l'importance qu'a eue la croyance en des êtres monstrueux dans la culture babylonienne.

Les vampires dans l'islam

Si, dans le christianisme, on croyait en eux, l'islam – qui par ailleurs repose sur une base mythologique très forte en ce qui concerne des êtres étranges venus du désert – ne pouvait y échapper.

Il y a aussi eu des vampires islamiques, mais, dans ce contexte, plutôt que de les appeler ainsi nous parlerons de djinns, sortes de génies, lutins ou esprits qui, selon la tradition, pouvaient se manifester à tout moment, à plus forte raison si on les provoquait. En Arabie, on disait par exemple que, par les nuits de pleine lune, pour servir le thé ou le café, il fallait soigneusement veiller à ne pas en renverser sur le sol, car cela constituait un appel au mauvais œil. Et il était pire encore de marcher sur le liquide s'il avait été renversé car cela valait convocation des entités maléfiques.

La tradition reposait sur la croyance folklorique que les djinns, ou génies malveillants du désert, aimaient le thé et le café. En renverser à terre signifiait les inviter à boire, mais marcher sur l'offrande constituait une offense.

Un djinn offensé était dangereux pour les morsures infligées à ses victimes, mais, pire encore, parce qu'il dérobait l'énergie et la force – mais pas le sang – des voyageurs du désert. Il laissait le sang aux *ghoul*, ou génies féminins, qui aimaient fréquenter les caravanes et les cimetières. La superstition affirmait que les *ghoul* séduisaient les marchands et les voyageurs des caravanes en prenant des formes sinueuses et suggestives. Après l'acte sexuel, elles abandonnaient la couche du plaisir, et eux avaient perdu la vie à tout jamais.

Les *ghoul* allaient également dans les cimetières pour boire le sang des personnes venues enterrer un proche car, d'après la légende, le liquide de vie des personnes tristes et angoissées donnait plus de force.

Connaître les djinns

Il faut signaler que leur existence à côté des humains est admise par le Coran et remonte à l'époque préislamique. Pour la mythologie arabe, un *jinni* est un esprit, un génie ou un démon plus petit qu'un ange. Le pluriel du mot est *djinn* et le féminin *inniyah*.

Les djinns peuvent être composés d'air ou de feu et prendre des formes diverses, y compris humaine et animale. Quant à leur tempérament, il peut être malveillant – ils sont alors très laids – ou bienveillant – et ils sont radieux. Ils sévissent souvent la nuit, aiment vivre dans des ruines, des lieux abandonnés, les cimetières, les villes inhabitées, sous terre, dans les airs, le feu, les rochers, les puits… pratiquement partout, chose inanimée ou être vivant.

Leur caractère présente une dualité particulière, car ils peuvent provoquer des maladies ou envoyer le malheur. Mais, s'ils sont de bonne humeur, ils se contentent de punir les humains avec de simples contrariétés.

ALGUL

■ **Localisation** : dans les cultures arabes d'Afrique du Nord, particulièrement dans le Maghreb. C'est l'un des djinns ou démons de la nuit les plus craints, car son nom vient du terme arabe *ra's al-ghûl*, que l'on pourrait traduire par la « tête du démon ». Il est aussi curieux que les Arabes baptisent du même nom la deuxième étoile la plus brillante de la constellation de Persée.

■ **Apparence** : nous nous trouvons à nouveau devant une grande richesse de variantes, mais pour l'essentiel il s'agit d'une vampiresse, c'est-à-dire un démon qui se transforme tantôt en femme superbe, tantôt en femme ordinaire. Mais, dans son iconographie la plus sinistre, cette diablesse est présentée avec un corps humanoïde longiligne et sans tête, doté de deux ailes ; au centre, sur la poitrine, une grande bouche, et en guise de jambes elle arbore ce qui ressemble à quatre ou six tentacules.

■ **Idiosyncrasie** : la mission de ce vampire est étroitement liée à la foi, car on dit qu'il boit le sang des bébés décédés issus de familles ou de femmes peu croyantes ou irrespectueuses des préceptes de la prière islamique. Il ne se contente pas toujours de boire leur sang, il peut aussi dévorer la chair tendre des nouveau-nés.

■ **Contre-sort** : il n'en existe pas. La seule façon de ne pas rencontrer cette vampiresse est d'être un bon croyant et de prier, car d'après la superstition elle fuit les lieux où des mots sacrés sont prononcés.

Les vampires ataviques

Comment l'inspiration vampirique a-t-elle pu se former?

Les sociologues affirment que si nous n'avions ni peur de la mort ni désir de perpétuer la vie pour maintenir notre individualité et notre idiosyncrasie, les vampires n'existeraient pas; bien sûr, nous portons ces peurs inscrites dans nos gènes depuis des centaines de générations. Il est curieux de voir que, dans des cultures aussi distantes que celle de Neandertal et, bien plus tard, la culture précolombienne, les morts sont enterrés dans la position fœtale.

Pour les experts en symbolique, la raison en est évidente : en plaçant le défunt dans cette position, on le connecte avec sa mère, avec le début de sa vie. C'est comme si, symboliquement, on préparait le mort pour sa renaissance dans un autre monde ou dans un autre plan d'existence. S'il en était ainsi, il est logique de penser que les hommes craignaient des ingérences d'êtres de l'au-delà, mais aussi qu'ils avaient peur de voir revenir le défunt dans le monde des vivants… Pour que cela ne se produise pas, il leur fallait organiser une cérémonie adaptée pour remettre chacun à sa place, un rituel capable de protéger le déroulement normal de l'existence des vivants, et de permettre aux morts de renaître ou de vivre dans l'au-delà. Il est significatif de constater dans de nombreuses cultures que l'absence d'un tel rituel pousse les peuples à croire aux vampires.

Pour comprendre l'importance du vampirisme à ses origines, il faut dépasser les conceptions spirituelles primitives. On peut admettre que nos ancêtres croyaient au bien et au mal, à un monde pour les vivants et à un autre pour les morts, mais… quelles interactions imaginèrent-ils ? Le folklore, la superstition et la peur eurent leur rôle à jouer, et bien sûr le fait pour eux d'assister à des choses inexplicables et très étranges, tout cela a servi de bouillon de culture aux idées.

Imaginons la scène suivante : une personne est morte, et juste avant d'être enterrée… elle ouvre les yeux d'un coup. Elle n'était pas morte, elle se trouvait simplement en état catatonique. Prenons un autre exemple : un cadavre est inhumé et, pour une raison quelconque, exhumé peu de temps après : miraculeusement, il ne s'est pas décomposé, car un terrain et des conditions environnementales propices ont favorisé une momification naturelle. Comment interpréter cela si ce n'est comme un retour de l'au-delà ?

Ce type de faits étranges a contribué à développer croyances, rituels et superstitions qui se sont progressivement perpétués dans le temps, engendrant toute une imagerie et des légendes concernant l'autre monde et les créatures qui en viennent.

Les vampires dans la préhistoire

Nous ne connaissons pas la conception qu'on pouvait avoir de ces créatures à la préhistoire. Nous savons seulement avec certitude que l'être humain a commencé à pratiquer des rites funéraires il y a environ soixante mille ans. Le témoignage le plus ancien d'un enterrement cérémoniel nous est donné par la grotte mésopotamienne de Shanidar, où furent mis au jour des restes humains qui en d'autres temps avaient été entourés de lichens et de plantes. Si nous partons de la prémisse que les hommes de cette époque se souciaient de pratiquer un cérémonial ou un rituel pour dire adieu à leurs morts, on peut concevoir qu'il existait déjà à l'époque une croyance en l'au-delà.

Du point de vue de l'anthropologie, le fait de se séparer d'un mort en réalisant un enterrement spirituel implique un certain degré de spiritualité ; par conséquent, cela suppose la naissance de certains mythes pour expliquer des concepts abstraits que la logique empirique est incapable de résoudre.

Nous ne savons pas si, il y a soixante mille ans, l'existence de vampires était envisagée, mais il y avait peut-être une conception du sang et de son pouvoir dans la perspective de perpétuer la vie ou de donner la mort. Nous pouvons supposer qu'à cette époque sont nées les notions les plus anciennes autour des vampires et de l'existence d'êtres humains qui « revenaient de l'au-delà », provisoirement – peut-être parce qu'ils n'étaient pas tout à fait morts –, pour retrouver, après une catharsis ou un état de mort apparente, leurs proches aimés…

Qui sont les parents de tous les vampires ?

Pour retrouver l'origine des vampires, nous devons plonger d'une part dans les cultures assyrienne, mésopotamienne et égyptienne – car elles furent le berceau des mythes qui se perpétueraient ensuite dans le monde gréco-latin, puis ultérieurement en Europe –, et d'autre part dans les cultures orientales.

La preuve de l'existence d'une ancienne croyance vampirique nous est fournie par l'archéologie, grâce à la découverte de tablettes mésopotamiennes, rédigées il y a quatre millénaires.

Elles nous parlent de la peur des êtres qui reviennent de la mort et des démons qui quittent l'au-delà pour boire du sang humain : des êtres comme les *utukku* ou les *ekimmu*, nom collectif qui servait à évoquer les fantômes ou les âmes de ceux qui quittaient leur tombe faute d'avoir pu trouver leur place de l'autre côté.

Les Mésopotamiens, comme les Assyriens, croyaient que la maladie n'arrivait pas par hasard : elle pouvait être un châtiment du destin ou être due à la présence de certains esprits malins qui perturbaient les plus faibles. Dans cette lignée, les *utukku*, des êtres qui n'étaient pas des vampires (ils ne suçaient pas le sang), avaient tout de même la faculté de diminuer la force vitale, et par extension de prendre la vie d'un malade. Nous pourrions donc dire qu'ils ont constitué une première source d'inspiration pour la création de figures vampiriques.

D'après la tradition, les *utukku* s'installaient près des humains appelés à tomber malades ou à avoir un accident de par la volonté des dieux. Lorsqu'ils détectaient une souffrance, ils se présentaient dans les rêves du patient, ou se couchaient à côté de lui pour lui dérober tantôt son énergie, tantôt sa vie. Les Mésopotamiens ne se chargeaient pas seulement de chercher un remède, ils priaient aussi leurs dieux pour éloigner de leurs proches malades ces esprits de la maladie.

Les Égyptiens avaient-ils des vampires ?

Pas ceux que nous connaissons aujourd'hui, mais ils croyaient, sous l'influence des cultures assyrienne et babylonienne, en des êtres diaboliques et néfastes qui, avant de devenir ces êtres nuisibles, pouvaient avoir été humains.

Pour les Égyptiens, la vie et la mort étaient deux univers très complexes entre lesquels il était indispensable de savoir naviguer.

Leur philosophie de l'existence reposait sur la croyance que toute personne abrite en son for intérieur deux essences fondamentales : le *ka*, ou corps tangible, habité par l'esprit, et qui, à moins d'être soumis à une intervention, finissait par se décomposer, et le *ba*, l'âme, l'esprit ou l'essence énergétique de chaque individu.

L'objectif des Égyptiens était d'obtenir l'immortalité pour l'être humain. Pour ce faire, ils avaient conçu un cérémonial complexe afin que corps et esprit restent liés après la mort, car sans le rituel idoine, l'âme ou *ba* quittait le support corporel du *ka*, et l'immortalité était alors impossible.

Mais comme pour tout processus rituel magique, il y avait une série de règles qu'il était indispensable de suivre à la lettre, car dans le cas contraire le corps pouvait renaître sans âme, comme un être possédé ou gouverné par des entités hostiles. Il y avait aussi un autre danger : si le corps n'était pas correctement embaumé et honoré avec des essences florales, des liqueurs et des trésors, l'esprit pouvait s'en offenser et décider d'abandonner son corps à la recherche de lieux plus confortables à habiter. De là à se transformer en être vampirique ou assoiffé de sang capable de perturber les vivants, il n'y avait qu'un pas.

Sekhmet, la déesse assoiffée de sang

Nous savons que le panthéon égyptien était immense, si vaste que leur culture entière était gouvernée par les dieux. Nous n'avons pas connaissance de l'existence d'un dieu vampire en tant que tel, mais il y a Sekhmet, une déesse sanguinaire (pour beaucoup une véritable diablesse) que l'on connaissait aussi sous les surnoms de « la puissante » ou « la terrible ».

Sekhmet était une divinité guerrière – de fait elle présidait les batailles –, et comme d'autres déités de cette nature elle appréciait le sang. Qui plus est, elle en exigeait de telles quantités que la seule façon d'apaiser sa soif de morts fut, nous dit la mythologie, de l'enivrer avec une espèce d'hydromel teintée de sang.

Le lien entre le culte de Sekhmet et le liquide de vie était d'une importance extrême pour les Égyptiens, au point qu'on célébrait en son honneur, dans les temples de Mout, Louxor et Memphis, des cérémonies pour lui offrir le sang des animaux sacrifiés pour elle. Sekhmet ne fut sans doute pas une vraie vampiresse, mais elle a été une source d'inspiration pour les créatures qui lui ont succédé.

Comment s'explique l'expansion des vampires ?

Éloignons-nous un moment du berceau des civilisations mésopotamienne et égyptienne pour découvrir comment l'idée de l'existence d'êtres néfaste avides de sang se perpétua dans d'autres cultures.

Nous savons qu'il y a eu de nombreuses vagues migratoires entre l'Afrique et l'Asie. Avec les hommes ont aussi circulé une partie des légendes, mythes et superstitions qui donneront ensuite naissance aux vampires hindous (étranges et singuliers), et à des créatures semblables en Chine et au Tibet.

Mais les Indo-Européens ont aussi émigré, et le vampirisme ou si l'on préfère les créatures qui sont les héroïnes de ce livre se sont répandues dans deux directions nouvelles : d'un côté vers l'est de l'Europe – et de là elles ont peuplé tout le continent –, jusqu'à la Sibérie de l'autre, traversant le détroit de Béring, construisant petit à petit les mythes des cultures natives américaines et précolombiennes.

BAITAL

■ **Localisation :** il apparaît souvent dans la mythologie hindoue, particulièrement dans les zones rurales.
■ **Apparence :** il s'agit d'un petit vampire dont la taille varie, selon les témoins, entre cinquante et cent centimètres. Il a la singularité d'avoir une moitié de corps humain et l'autre (les extrémités) d'oiseau. On le décrit parfois doté d'ailes noires supplémentaires, d'autres fois on prétend qu'il est capable de transformer ses bras en ailes membraneuses, comme s'il s'agissait d'une chauve-souris.
■ **Idiosyncrasie :** on sait peu de choses sur cette créature. En général, elle vit près des montagnes et ne cherche pas le contact avec les humains, si ce n'est pour attaquer leurs troupeaux et boire le sang de leurs animaux de ferme.
■ **Contre-sort :** il n'en existe aucun.

Vampires en Inde

En Inde comme dans les pays voisins, on trouve une grande quantité de vampires, mais là-bas on les considère comme faisant partie de la catégorie des « démons », génériquement appelés *vetala*. La plupart du temps, ce sont des créatures qui vivent dans les forêts, les ruisseaux, et plus rarement dans les cimetières et les bûchers funéraires.

Comme dans d'autres cultures, les vampires sont ici aussi associés aux funérailles et aux morts subites. Mais également aux âmes des hommes n'ayant pas correctement honoré leur foi, ou qui n'ont pas reçu un enterrement digne, ou à celles des personnes décédées dans d'étranges circonstances.

Le vampire américain

Les créatures avides de sang du continent américain sont plus souvent des dieux que des démons ; les humains doivent leur offrir le liquide vital pour obtenir leur coopération. Parmi eux, il est intéressant de s'arrêter sur les suivants.

Cinteotl

Dieu aztèque qui, bien que lié au printemps (son épouse est Xochiquetzal, divinité de la fertilité) et associé à la plante du maïs, était une entité assoiffée de sang. Il avait besoin de voir le sang pour pouvoir satisfaire les humains. Ainsi les Aztèques, dans l'espoir de ne jamais manquer de la précieuse céréale qui constituait la base de leur alimentation, se livraient-ils à des cérémonies rituelles au cours desquelles ils se tailladaient les bras et les jambes. Ils recueillaient leur sang et le versaient sur les champs.

Une variante de la cérémonie consistait à placer des épis de maïs au-dessus de la porte du foyer pour verser dessus de temps en temps quelques gouttes du sang du propriétaire de la maison, ainsi l'aliment était bénit par Cinteotl.

Huitzilopochtli

Dieu aztèque lié au soleil et au colibri. Les Aztèques pensaient que cette divinité, qu'ils considéraient comme le maître des guerres et, par extension, de la mort, pouvait ressusciter les guerriers morts à la bataille. La renaissance se faisait sous la forme d'un colibri. Ces oiseaux ne sont certes pas suceurs de sang, mais ils butinent le nectar de fleurs. Il est curieux de constater que le dieu associé à cet oiseau se nourrissait du sang et des cœurs des soldats morts dans la bataille, ainsi que du liquide vital et de la chair de prisonniers qui étaient sacrifiés en son honneur.

Pour nous faire une idée du culte sanguinaire qui entoura ce dieu, nous n'avons qu'à évoquer les fêtes aztèques que l'on appelait *panquetzaliztli*. Lors de ces célébrations, les grands prêtres choisissaient parmi les prisonniers de guerre ou les détenus de droit commun un certain nombre de personnes, variable en fonction des circonstances. Les futures victimes étaient lavées et purifiées, puis on leur faisait boire du pulque avec des herbes ; on pense que cette potion avait un effet sédatif, car les victimes étaient ensuite immédiatement sacrifiées et leur sang recueilli dans un vase spécifique. On ajoutait à ces récipients pleins de sang de la terre et des racines ou des plantes magiques. Avec tout cela, on faisait une pâte qui était offerte au dieu Huitzilopochtli ; celui-ci, content et reconnaissant, veillait à la bonne santé des guerriers avant la bataille.

Parallèlement à ces êtres surnaturels, les cultures américaines précolombiennes croyaient également en l'existence de démons s'attaquant aux animaux, comme le *pihuychén*, spécialiste du prélèvement de petites quantités de sang sur les animaux domestiques, et en celle de fantômes ou d'entités spirituelles comme le *cihuateteo* ou le *civatateo*, capables de donner des maladies et d'attaquer les voyageurs sur les routes.

La figure la plus symbolique du monde vampirique précolombien – bien différent de celui d'Europe centrale en matière de conception et de lutte contre ces créatures de la nuit – est peut-être Camazotz, une chauve-souris impressionnante, à visage humain, qui avait pour habitude de décapiter les étrangers s'approchant de lui.

Nous pouvons également remarquer les *jencham*, des espèces d'hommes-oiseaux aux allures de chauves-souris qui se nourrissaient de sang. D'après la légende, ces êtres étaient humains à l'origine, mais après être devenus des cannibales dans un premier temps, puis des buveurs de sang humain plus tard, ils attirèrent une malédiction sur leur espèce et les dieux les transformèrent en monstres. On disait qu'ils vivaient reclus dans des grottes.

Il n'est pas inutile de souligner le fait que la plupart des croyances précolombiennes sur les vampires mythologiques ont progressivement disparu, au fur et à mesure que les conquistadors leur imposaient leurs propres croyances. Mais il y a de nos jours des endroits où l'on croit encore en l'existence de ces créatures buveuses de sang.

CIVATATEO

■ **Localisation** : bien qu'elle appartienne à la tradition mythologique aztèque, certains croient en son existence dans certaines régions du Mexique et du Guatemala.

■ **Apparence** : il s'agit d'une vampiresse qui était à l'origine une déité lunaire aztèque, avec l'apparence d'une femme distinguée, vêtue de riches atours et de bijoux. Sa morphologie moderne est celle d'une femme ordinaire, mais à la peau très pâle.

■ **Idiosyncrasie** : comme dans le cas d'autres vampires « accidentels », Civatateo l'est devenue après être morte en couches sans avoir reçu de rite funéraire convenable. C'est une des vampiresses les plus létales, car peu de temps après avoir été mordues par elle, ses victimes – toujours des nouveau-nés –, meurent d'étranges maladies.

■ **Contre-sort** : une vieille superstition assure que bien qu'on ne puisse pas la tuer, on peut éviter qu'elle ne s'en prenne aux nouveau-nés en mettant de la farine sur leurs pieds.

L'Europe : le deuxième berceau du vampirisme

Il est évident que les croyances vampiriques sont parvenues aux cultures classiques grecque et romaine par le sud, et au centre et au nord de l'Europe par l'est. Et c'est sur celui qu'on appelle le « vieux continent » que le mythe des vampires s'ancre avec la plus grande vigueur. Si nous n'avions pas eu ce bouillon de culture, il est évident que certains assassins en série, romanciers et prolongateurs de superstitions vampiriques n'auraient pas trouvé de source d'inspiration. Mais procédons par étapes.

Bien que dans les fiches de vampires qui accompagnent ce texte nous parlions de certains monstres capables de boire le sang de leurs victimes, et même de les dévorer, nous pensons, dans l'optique de trouver l'origine classique européenne des vampires, devoir commencer par les vampires cannibales de Grèce et de Rome : les lamies.

Il s'agissait de créatures de sexe féminin, dotées d'un corps moitié humain moitié animal. La mythologie nous dit que la partie inférieure était souvent celle d'un serpent. Ces êtres se nourrissaient de la chair de leurs victimes, mais ils buvaient également leur sang car celui-ci était censé contenir l'essence vitale, ou esprit.

Naissance des lamies

La mythologie grecque raconte que Zeus tomba amoureux de Lamie, mais Héra, l'épouse du père de tous les dieux, lassée d'être trompée par son mari, lança une malédiction contre la jeune fille, qui l'obligerait à dévorer ses propres enfants. Cependant, loin de constituer un châtiment, cela s'avéra une plaisante distraction pour Lamie : dès qu'elle eut goûté la chair et le sang humains, elle se transforma en un être immortel, avide d'en consommer toujours plus. Sa métamorphose lui fit perdre une partie de son apparence humaine, sous la ceinture, pour prendre celle d'un serpent ailé.

Les femmes grecques recouraient à l'histoire de Lamie, la créature qui dévorait sa progéniture et buvait le sang des jeunes humains, pour effrayer leurs enfants : s'ils refusaient de s'endormir, elle pourrait venir les enlever. Et, au fil du temps, bien qu'au départ il n'y ait eu qu'une seule femme, on a commencé à parler de monstres, les lamies, des vampiresses supposées être les descendantes que la Lamie originale n'aurait pas dévorées…

Une autre créature de la mythologie grecque méritant un détour – bien qu'on ne puisse directement la ranger parmi les vampires – est la triple déesse Hécate, maîtresse du monde souterrain. Elle avait trois visages car elle était vierge, mère et âgée, et dans ce dernier cas elle agissait comme une sorcière. Le lien entre les vampires et Hécate vient de ce qu'elle aimait, si l'on en croit la tradition, boire du sang. Pour ce faire, la nuit elle quittait le monde souterrain, puis parcourant les chemins elle s'arrêtait aux carrefours pour y attendre ses victimes. Hécate inspirait une telle crainte qu'on en vint à lui ériger des statues à la croisée des routes.

Qui étaient les empousai *?*

D'autres figures mythologiques sont venues compléter le mythe vampirique dans l'Antiquité ; elles étaient filles d'Hécate et, comme elle, abandonnaient la nuit le monde des ténèbres pour errer sur les chemins en quête de sang.

La différence entre les *empousai* et leur mère est que le folklore affirmait qu'elles avaient une jambe de bronze et une patte de cheval en guise de seconde jambe, mais qu'au moment d'attaquer une victime elles étaient capables de se transformer pour prendre une parfaite apparence humaine. La plupart du temps, elles devenaient de séduisantes jeunes filles qui captivaient les bergers solitaires ou les voyageurs isolés.

Les Romains et leurs vampires larvae

Tout comme les Grecs, les citoyens de l'Empire romain croyaient – avec des variantes – aux non-morts, pas non plus vivants pour autant, qu'ils appelaient les *larvae*, du nom des larves capables de rester un certain temps à l'état de cocon en attendant de devenir un jour papillons.

Pour les Romains, une personne qui s'était montrée peu honnête de son vivant ne pouvait prétendre à un monde céleste divin à sa mort ; elle s'incarnait alors dans un organisme fantasmagorique, le temps de purger ses fautes, après quoi son énergie lui revenait et elle pouvait intégrer le monde des dieux.

Mais les *larvae*, également connues comme les *vampires larvae*, représentaient un danger pour les vivants. Selon la superstition, au lieu de purger leurs fautes en silence et sans déranger personne, ces êtres se rebellaient contre leur nouvel état en s'en prenant aux vivants pour boire leur sang – et par extension leur prendre la vie. C'étaient, en fin de compte, des vampires dans toute leur splendeur.

Mythologie à part, les Romains, qui avaient hérité d'une bonne partie des mythes grecs, ne sont pas demeurés en reste en matière de vampires. Bien avant Bram Stoker, un certain Apulée Lucius (125-170), écrivain et philosophe, avait rédigé un texte, *L'Âne d'or* (*Asinus Aureus*). D'une part cette œuvre faisait montre d'une grande créativité littéraire, et d'autre part, d'une certaine façon, elle a puisé aux sources de certains des mythes et croyances superstitieuses en vogue dans la société romaine de son époque.

Les vampires ataviques

L'Âne d'or nous raconte les errances de deux femmes maudites et condamnées à devoir se nourrir de sang humain. Ces dames se mettent à boire le liquide de vie d'un certain Socrate – qui n'a rien à voir avec le célèbre philosophe grec né trois siècles plus tôt, lequel affirmait par ailleurs posséder un *daïmon* ou diablotin, qui le dirigeait et lui parlait dans sa tête… Dans son récit, Apulée ne lésine pas sur les détails sanglants ; il nous explique que les femmes qui mordent Socrate pendant son sommeil appliquent ensuite une éponge sur ses blessures pour arrêter le sang… L'auteur n'a sans doute pas réalisé que la plupart du temps, après la morsure d'un vampire, le sang coagule instantanément.

Quoi qu'il en soit, cette histoire met en évidence que, pour les Romains, le vampirisme était un terrain connu.

DEUXIÈME PARTIE

Deux mille ans avec les vampires

Nous avons vu la partie de l'histoire des vampires la plus ancienne, et avons fait la connaissance de certaines créatures parmi les plus remarquables ; mais il nous reste encore beaucoup de chemin à parcourir. Celui-ci nous mènera jusqu'à nos jours, nous fera entrer dans les us et coutumes vampiriques et nous pourrons ainsi beaucoup mieux connaître ces créatures. Nous apprendrons comment elles ont été repérées, de quelle façon les hommes ont lutté contre elles, et bien sûr comment sont nées toutes les superstitions et légendes qui nous parlent de cimetières, d'ail, de miroirs, d'ombres, de cauchemars et de mille autres choses en rapport avec les êtres de la nuit. Les comprendre, savoir comment et pourquoi ils agissent nous donne une clé qui permet de ne pas les craindre outre mesure… ou tout simplement de ne pas y croire.

L'Église, chasseuse de vampires

Le démon a toujours été le grand ennemi de l'Église. Déjà les premiers chrétiens – influencés par des mythes anciens – affirmaient que le Malin pouvait se manifester n'importe où, s'en prendre aux êtres humains, les mordre ou boire leur sang et leur dérober leur souffle de vie pendant leur sommeil.

Bien sûr, parler du diable et du vampire comme s'ils ne faisaient qu'un est souvent abusif, car ils ne sont pas toujours liés l'un à l'autre. Initialement, à l'aube du christianisme, plutôt que des vampires, on envisageait l'existence de créatures étranges, comme celles des mythologies grecque ou romaine ; ces dernières pouvaient avoir d'immenses pouvoirs qui leur permettaient de se rendre invisibles, de perturber le sommeil, de semer les malheurs, de favoriser l'apparition de fantômes, et aussi de boire le sang des vivants.

En cherchant une explication théologique à tout cela, un des premiers à mettre la main à la pâte – pour beaucoup il est le premier chasseur intellectuel de vampires – fut Tertullien. Quintus Septimius Florens Tertullianus (155-225), plus connu sous le nom de Tertullien, fut l'un des auteurs et penseurs les plus importants du IIe siècle après J.-C. Ses premières paroles à propos des créatures nocturnes à caractère diabolique ont été pour dire qu'elles n'étaient pas grand-chose, qu'il ne fallait pas en avoir peur car au fond elles n'étaient que des mirages ou des illusions, certes provoqués par le Malin, mais de simples illusions quand même. D'un trait de plume, Tertullien a relégué vampires, fantômes et autres spectres au rang de la suggestion et des visions : d'après lui, aucun être non doté d'un corps physique ne pouvait attaquer un humain, et moins encore lui prendre son sang.

Mais ses mots n'ont pas suffi, et les chrétiens ont continué à parler de démons buveurs de sang et de fantômes semblant capables de faire sortir les morts de leurs tombes. Au IVe siècle, Augustin d'Hippone (354-430), qui deviendra saint Augustin, donna un autre tour de vis à ce sujet. Pour lui, les théories de Tertullien étaient valables, mais elles méritaient d'être nuancées. Ainsi celui qui finirait par devenir le patron des théologiens affirma que toutes les apparitions, de tout ordre, ne devaient être considérées que comme relevant de deux catégories : des anges ou des démons. Il éliminait ainsi d'un trait toutes les autres entités.

Saint Augustin affirmait que certaines personnes pouvaient entrer en contact avec des êtres étranges, mais qu'elles le faisaient toujours au cours des rêves, même lorsqu'elles semblaient éveillées. Il décréta que les incubes et les succubes – sanguinaires ou non – étaient des démons qui pénétraient la nuit dans les rêves des mortels pour engendrer des images érotiques. Illusions également, les créatures qui apparaissaient dans d'autres mythologies, ou encore dans le folklore, et qui tentaient de dérober l'âme ou le sang des gens grâce à d'étonnantes stratégies. Comme nous le constatons, la conception du vampire qui régnait à l'époque diffère grandement de celle d'aujourd'hui.

Suivant la ligne marquée par ses prédécesseurs, celui qui deviendrait le soixante-quatrième pape de l'Église catholique et occuperait le trône de saint Pierre entre 590 et 604, Grégoire le Grand (540-604), affirmait qu'un certain type de créatures se présentait aux êtres humains soit pour leur faire du mal, soit pour les agresser la nuit, à la croisée des chemins, dans les cimetières ou les endroits isolés, les laissant morts ou gravement blessés.

On peut supposer qu'en ce temps-là toute chose étrange ou difficile à expliquer par la simple logique pouvait passer pour un fantôme ou une apparition ; presque toujours un démon et non pas un ange, qui, s'il se manifestait, le faisait sans aucune malice. Cependant, Grégoire le Grand opta pour le pragmatisme. Au lieu de nier l'existence de ces diablotins ou de chercher la clé de certaines situations d'un point de vue théorique, et voyant qu'au fil des siècles les légendes sur les apparitions se succédaient, il décida de leur attribuer un certain crédit. Et il ordonna la compilation des informations, à travers les anciennes narrations et légendes, pour créer des modèles illustrant les dangers que pouvaient encourir les humains qui s'écartaient du droit chemin.

Grégoire le Grand prétendait par ce biais renforcer les jeûnes, l'assiduité aux églises pour les messes, etc. Il lança également ce qui devint pour beaucoup un commerce lucratif, s'appuyant sur les dons et les aumônes recueillis par l'Église, avec la célébration d'offices et de cérémonies de purification des âmes des défunts qui pouvaient être perturbées. Mais il y a plus : l'attitude de Grégoire le Grand a favorisé la naissance de nouveaux mythes, légendes et superstitions, qui au lieu d'éradiquer le phénomène vampirique n'ont servi qu'à le compliquer davantage et à lui donner un nouvel envol.

Le pouvoir de l'Église

Du point de vue du XXIe siècle, il peut sembler étrange que le clergé savant ait cru aux vampires ou aux démons. Il peut nous sembler incongru que des règles et des lois pour les combattre aient été édictées, et plus encore que la société de l'époque ait accepté sans sourciller d'extravagantes superstitions comme celles que nous découvrirons tout au long de ces pages. Mais ne nous trompons pas, les choses étaient bien différentes de ce que nous pouvons imaginer. Si nous considérons globalement ce moment historique en Europe, nous verrons que le morcellement puis la chute de l'Empire romain ont provoqué une grande convulsion dans le vieux continent. Après la désagrégation de l'empire, de nouvelles nations ont vu le jour, avec leurs propres législations, gouvernements et rois locaux. Une seule entité survécut à la dissolution : l'Église, qui, grâce à son expansion à travers l'Europe, avait réussi à réunifier le continent, et d'une façon beaucoup plus subtile. Ainsi, petit à petit, chaque État s'est doté d'un gouvernement et d'une identité propres, mais au-dessus de tout se trouvait Dieu et son représentant direct sur terre : l'Église de Rome.

Par ailleurs, il y avait encore une différence : le pouvoir des gouvernants et des rois qui, des siècles plus tard, s'établiraient dans leurs fiefs, n'était que temporel ; en revanche le pouvoir de Dieu – et partant celui de l'Église – était éternel. Autrement dit, les lois des hommes étaient passagères, celles de Dieu éternelles. Ce principe s'étendait aux croyances, à la foi et aux conceptions sur le sujet qui nous intéresse : le bien et le mal, les anges et les démons, ou, par extension, les vampires.

Au fur et à mesure que le Moyen Âge avançait, les différents peuples développaient leur idiosyncrasie sur les aspects politiques, sociaux et économiques, mais l'Église s'occupait de les régir tous. Par ailleurs, dans le domaine social, elle apportait la consolation, la sagesse et la connaissance, si souvent nécessaires à la population.

Rappelons qu'en ces temps reculés la culture vivait dans les couvents. Une grande partie de la société ne savait ni lire ni écrire, et ceux qui avaient ce savoir devaient être prudents et ne pas s'approcher de textes considérés comme hérétiques ou démoniaques, et encore moins en écrire.

Devant cet état de choses, où pouvait-on trouver une solution à un problème émotionnel, de peur ou d'angoisse ? À l'Église, chez les prêtres et dans leurs croyances, erronées ou pas. S'opposer aux lois ou aux conseils des représentants de Dieu pouvait se payer par la mort ou, dans le meilleur des cas, par une terrifiante condamnation à perpétuité ou à l'exil.

La foi, créatrice de superstitions

La peur de la mort n'est pas une idée nouvelle, mais la crainte de ce qui pouvait arriver après la mort est une chose qui a évolué et s'est modifiée au gré des croyances. Chaque religion l'envisage sous un prisme différent, mais en général elles nous offrent toutes une deuxième partie, une vie dans l'au-delà et, bien sûr, elles nous rappellent que cette continuation de la vie n'est pas toujours possible, tout simplement du fait de l'existence de forces obscures et malfaisantes qui interviennent ou pas en fonction de notre comportement quand nous étions vivants.

En Europe, qui est finalement l'endroit où le vampirisme tel que nous le connaissons aujourd'hui a connu le plus grand succès, l'Église s'est attachée à maintenir vivantes certaines peurs et superstitions. C'est logique : sans elles, la religion aurait-elle un sens ? Probablement pas. Ainsi la croyance en diables, sorcières et vampires (qui n'étaient finalement qu'une forme démoniaque de plus) était une bonne affaire, toujours associée à la mort, et meilleure encore si les morts pouvaient revenir de l'au-delà… Mais le faisaient-ils vraiment ?

Quand les morts reviennent

Imaginons un décès au Moyen Âge. Lorsque cela arrivait, le corps était enveloppé d'un linceul et placé sur un lit ou dans un cercueil. Les proches, amis ou voisins venaient ensuite lui rendre hommage. C'était une façon de montrer du respect au défunt et d'accompagner la famille dans la douleur. Les coutumes variaient : on s'asseyait simplement à tour de rôle auprès du mort, ou on restait allongé plusieurs jours durant à ses côtés.

La veillée n'était pas une cérémonie aussi rapide qu'actuellement, où le temps écoulé entre le décès et l'enterrement dépend des horaires et de la paperasse. On veillait plusieurs jours de suite, entre trois – allusion au délai de résurrection de Jésus – et sept – le temps que Dieu a mis pour la création –, voire plus. Mais que se passait-il pendant tout ce temps ? D'une part l'Église recommandait d'accompagner le défunt et de prier pour lui – pour ainsi le protéger contre les créatures du mal – et pour les péchés qu'il avait commis de son vivant dans le but de permettre à son âme d'atteindre le ciel d'une façon ou d'une autre. On lui évitait ainsi les limbes où se retrouvaient les égarés, ou l'enfer, où les âmes brûlaient pour l'éternité.

D'autre part, le corps du mort (qui parfois ne l'était pas, mais nous aborderons ce sujet un peu plus loin) connaissait certaines transformations, dont nous savons aujourd'hui qu'elles sont naturelles et ont une justification, mais qui au Moyen Âge, et même par la suite – voire très tardivement dans certaines régions où la culture brillait par son absence et la superstition nichait dans le moindre recoin –, étaient interprétées comme anormales ou, pire, diaboliques ou vampiriques.

Les corps des morts reposaient dans leur chambre, ou parfois dans un temple, en attendant de recevoir une sépulture sacrée. La plupart étaient enterrés après la veillée sans que rien de remarquable se produise, mais, pendant cette attente, l'organisme du défunt était pris par la raideur, ses muscles s'étiraient, et un bras ou une jambe pouvaient subitement bouger. La terreur que cela engendrait est facile à imaginer : qu'arrivait-il au mort ? L'était-il réellement ? Peut-être cherchait-il à revenir depuis son autre vie ?

Il y a plus : certains corps, après avoir été mis en bière, semblaient appeler de l'intérieur, frappant un coup sec sur le couvercle refermé. Lorsqu'on ouvrait le cercueil le bras jaillissait, engendrant, c'est le cas de le dire, une peur mortelle.

Nous savons aujourd'hui que ces choses entrent dans le domaine du possible, mais à l'époque la superstition régnait partout, et il fallait une aide spirituelle pour la combattre. Les exorcismes et autres rituels antivampiriques ont alors fleuri. Car si un mort pouvait lever un bras, se redresser légèrement ou faire des mouvements étranges, cela ne pouvait s'expliquer que d'une façon : quelque chose voulait pénétrer en lui, ou alors c'était un mort-vivant (par conséquent un être qui avait été vampirisé de son vivant, de sorte qu'il fallait en finir avec lui).

Personne ne savait que, pendant le processus de putréfaction, plus encore si le corps était veillé plusieurs jours durant, les gaz contenus dans l'estomac du défunt pouvaient s'accumuler avec une force suffisante pour redresser le corps, comme si le cadavre voulait s'asseoir. Mais ce n'est pas tout : quelle est l'odeur du diable ? Celle du soufre, des relents pestilentiels, comme ceux que peuvent exhaler les cadavres sous forme d'éructations ou de flatulences. Quand cela arrivait, les choses étaient claires : le Malin ou l'un de ses sbires n'étaient pas loin. Et l'Église se chargeait de le rappeler quotidiennement aux habitants du Moyen Âge.

Quand est-on vraiment mort ?

Il est possible que le pouls ou les battements du cœur ne soient pas perceptibles, et que la respiration soit apparemment arrêtée, mais… est-ce vraiment la mort ? Pas toujours. Il existe un état que la médecine nomme *léthargie* ou état de *mort apparente*. L'esprit supposé a quitté le monde, plus rien ne répond pendant plusieurs heures, voire même plusieurs jours. Pourtant la personne se trouvant dans un tel état est vivante. Sa respiration est si superficielle qu'elle devient imperceptible, tout comme son rythme cardiaque. L'activité réflexe a disparu. Peut-on imaginer combien de personnes sont tombées en léthargie et, à leur réveil, se sont arraché les ongles sur leur cercueil, sans réussir à sortir ?

La catatonie de Kahlbaum

D'entrée, le nom fait peur, et les choses ne s'arrangent pas avec la définition : « Un état nerveux pathologique caractérisé par la suspension des sensations et de la capacité de mouvement corporel. » C'est donc comme être mort, sans l'être. Peuvent tomber dans cet état les personnes souffrant de sérieuses crises de schizophrénie, mais certains médicaments modernes, comme l'halopéridol – un puissant sédatif –, peuvent également produire le même effet. La catatonie telle que la décrivit Kahlbaum donne une certaine rigidité au corps du patient, rappelant la rigidité cadavérique, une extrême pâleur à la peau et la perte de la vivacité du regard. Le sujet semble vraiment mort.

On estime qu'au Moyen Âge au moins une personne sur dix a été considérée comme morte alors qu'elle ne l'était pas… Qu'avaient-elles pris ? Certes, pas de l'halopéridol, mais nous savons que certaines substances peuvent produire des effets semblables. L'aconit par exemple, un puissant poison utilisé autrefois comme un relaxant ; mais si la dose était trop élevée, il devenait terriblement difficile et long de réveiller le sujet qui en avait consommé : celui-ci présentait les signes d'une mort apparente. Une autre substance dangereuse et catatonique est la taxine, dérivée de l'if, et que les mystiques celtes utilisaient pour

« mourir » et revenir de l'au-delà. Par chance pour eux, personne ne songeait alors à les enterrer.

La personne en état de catatonie ne peut exprimer ce qu'elle ressent, ni parler ni bouger, pas même soulever les paupières. En revanche, dans les cas étudiés aujourd'hui, on a relevé des sujets qui pouvaient entendre. Il est alors facile d'imaginer que certains cadavres (qui en réalité n'en étaient pas) pleuraient au cours de leur veillée : ils avaient compris qu'on les prenait pour morts et les larmes étaient la seule réaction naturelle dont leur corps était capable.

Mais la fin est encore plus cruelle. Nous pouvons imaginer ce qui pouvait arriver lorsqu'une personne enterrée vivante se réveillait dans sa tombe. Elle devait hurler, gesticuler, racler le couvercle… Si elle était accompagnée au moment de son « retour à la vie », au sortir de sa catatonie, cela devait être pire encore : ses proches pouvaient penser qu'elle revenait de la mort et qu'il faudrait lui apporter le repos éternel en recourant à l'une des méthodes utilisées contre les vampires que nous aborderons plus loin. Mais si cela arrivait lorsqu'elle était seule, elle mourait. Si, quelque temps après, pour une raison ou une autre il fallait ouvrir sa tombe et le cercueil, on découvrait le couvercle lacéré et ensanglanté, et à l'intérieur un cadavre avec une expression d'horreur. Comment ne pas interpréter tout cela comme relevant des vampires ?

Les vampires peuvent-ils envahir nos rêves ?

En théorie ils peuvent le faire, mais en suivant une seule stratégie : produire des visions oniriques qui leur servent de voie d'entrée dans nos vies. Nous en voyons un exemple dans le cas du vampire allemand Alp, dont la spécialité était d'utiliser la vision onirique du rêveur pour pouvoir prendre corps. C'est-à-dire qu'on commençait par rêver du vampire, il prenait forme dans l'esprit, et de là, en utilisant sa force magique, la créature se matérialisait à l'image de ce qui avait été rêvé.

L'idée que les démons, esprits et vampires s'introduisent dans le corps des humains ou les possèdent pour les subjuguer et prendre leur sang à partir de leur âme a été très répandue au Moyen Âge, car on pensait qu'un cauchemar était toujours une possession infernale, une altération de l'âme. On pourrait définir de la même manière les esprits appelés *incubes* ou *succubes* : des entités diaboliques prétendument envoyées par les démons, tantôt pour obtenir le sang de leurs victimes, tantôt leur âme. Ces êtres entraient toujours en contact avec un rêveur en provoquant chez lui des visions lubriques et érotiques : l'incube était un esprit luxurieux d'aspect masculin, tandis que le succube était une version féminine.

Les vampires donnent-ils réellement des cauchemars ?

Nous savons aujourd'hui que ce n'est pas le cas, que les cauchemars ne sont qu'un type de rêve, mais en d'autres temps on pensait que la seule façon pour un vampire de boire le sang de ses victimes et de prendre leur âme était de passer par leurs rêves. En général, les altérations du sommeil reçoivent le nom de *parasomnies*. En ce qui concerne le monde des vampires, voici quelques parasomnies parmi les plus curieuses :

• ***Jactatio capitis*** : sous ce curieux nom, on désigne une anomalie qui consiste à se donner des coups sur la tête pendant le sommeil. Certains le font avec la main et se donnent des gifles sans pour autant se réveiller, mais le plus spectaculaire est quand le dormeur se frappe la tête contre la tête de son lit, ou soulève la tête pour la laisser retomber brutalement. Ces symptômes ont été pris pour des signes de possession, aussi bien vampirique que diabolique, raison pour laquelle on affirmait que certains vampires étaient dans la tête du rêveur.

• **Somniloquie** : c'est la capacité qu'ont certaines personnes à parler dans leurs rêves, bien que les manifestations les plus

ALP

■ **Localisation** : dans la tradition allemande.

■ **Apparence** : de toute évidence, il s'agit d'un être qui pourrait passer pour humain, avec des variantes, car il apparaît comme un beau jeune homme, mais il peut aussi être un démon à l'aspect humanoïde.

L'image d'Alp a évolué au fil des siècles. Au Moyen Âge, on disait que c'était un esprit vampire qui possédait les animaux de la ferme, tout particulièrement les porcs et les chevaux ; ainsi, lorsque ceux-ci étaient ensuite en contact avec les hommes, il pouvait les attaquer. C'était donc simplement une énergie spirituelle qui possédait un animal et qui ne se transformait en humain qu'occasionnellement. Une autre variante le situait, sous forme d'éther, dans le harnais des chevaux utilisés par des femmes, pour entrer dans le corps de celles-ci lorsqu'elles montaient à cheval.

Il a également été vu sous l'apparence de l'esprit d'un être déjà mort, stratégie qui lui permettait d'accéder aux vivants plus facilement.

■ **Idiosyncrasie** : nous pourrions le cataloguer comme un vampire du rêve, car théoriquement il utilise la vision onirique pour posséder ses victimes. On dit de lui qu'il agit la nuit, en donnant des rêves lubriques ou des cauchemars aux femmes, comme les incubes.

Une des singularités de ce vampire est que, bien qu'il préfère s'en prendre aux femmes, les légendes racontent qu'occasionnellement il ne dédaigne pas rencontrer des hommes. Dans ce cas il se contente de leur mordre les tétons pour boire leur sang. Pour la plupart des experts en symbolique ésotérique, le téton masculin d'où coule du sang aurait à voir avec la force et la virilité tandis que le sein féminin donnant du lait serait lié à la force vitale et à la survie. Autrement dit, lorsqu'un vampire cherche du sang dans la poitrine de sa victime mâle, il cherche avant tout à renforcer son pouvoir ; s'il opte pour une poitrine féminine, c'est qu'il souhaite prolonger son existence. Dans le cas qui nous occupe, la tradition affirme qu'Alp mord les femmes parce qu'il peut plus facilement intervenir dans leurs rêves par le biais du lait maternel.

■ **Contre-sort :** on n'en connaît aucun.

communes consistent en des cris ou des gémissements. Dans ces cas, on disait au Moyen Âge que le cri impliquait une attaque de la part d'une entité de l'au-delà, le gémissement indiquait alors que le rêveur était en train de rencontrer un incube ou un succube.

Comment devient-on un vampire ?

PEUT-ON NAÎTRE VAMPIRE ?

En théorie, il n'y a que deux façons pour que cela se produise : que la mère soit une vampiresse ou que la famille ait été maudite par un vampire.

Jadis en Roumanie – terre de vampires par excellence –, on croyait fermement que le septième et le douzième fils d'une famille pouvaient être des vampires, à condition que l'enfant qui les précédait directement soit un garçon. Ce vampire de naissance recevait le nom de *strigori* ou *strigoï*. Mais pour savoir si l'enfant en question portait ou non la malédiction du vampire, il fallait également vérifier un certain nombre de conditions que voici. Il devait :

- présenter des marques de naissance en forme de taches rougeâtres ressemblant à des figures géométriques ;
- avoir un sacrum prononcé (on peut supposer que plus d'un enfant présentant une telle déformation a dû connaître un sort malheureux) ;
- naître velu (aujourd'hui nous savons qu'il s'agit d'une maladie : l'hirsutisme, mais pendant des siècles elle a été associée aux loups-garous) ;

– naître avec une ou plusieurs dents, signe infaillible de l'activité que la créature serait amenée à exercer dans le futur : mordre ;
– naître « étranglé » ou « portant capuche ». Un enfant étranglé venait au monde avec le cordon ombilical autour du cou : on pensait que Dieu tentait d'arrêter le mal en étranglant les vampires dès leur naissance. L'enfant « avec capuche » – dont on disait qu'il naissait de la sorte pour cacher la malignité qu'il portait en lui – venait au monde avec une partie du placenta collée à la tête. Si le placenta se trouvait déjà dans la bouche du nouveau-né, il s'agissait d'un signe sans appel.

Quant aux malédictions, pour savoir si l'une d'elles pouvait impliquer la naissance d'un vampire, il fallait tenter de savoir ce que la mère avait fait pendant toute la durée de la grossesse.

Une superstition valaque très curieuse interdisait aux femmes enceintes de faire des nœuds (avec du linge, une corde, etc.), car on pensait qu'à travers eux l'énergie vampirique entrait dans le fœtus. Le nœud représentait la fermeture symbolique des chemins du bien et ouvrait la voie du mal.

Une autre variante de la naissance d'un vampire suite à une malédiction apparaît en Inde : dans certaines régions, on croit qu'une femme enceinte peut donner naissance à des vampires si, ayant été malade, elle n'a pas été soignée comme il se doit et en meurt. Là-bas on trouve aussi le mythe d'une femme-vampire nommée *churel*, qui revient de l'au-delà pour boire le sang des personnes qui soignent mal les futures mères et les laissent mourir.

Qu'est-ce qu'un vampire par accident ?

C'est l'une des modalités les plus singulières qui soient pour devenir un vampire.

Comment devient-on un vampire ?

Deux tendances nous l'expliquent. La première, classique, selon laquelle, sans avoir été choisi comme victime par une de ces créatures de la nuit, un humain a le malheur de se cogner contre l'une d'elles et de se blesser en saignant. La superstition affirme que la blessure à elle seule serait un facteur plus que suffisant pour assurer une transformation en vampire, même si ce n'était pas l'intention initiale de la créature.

L'autre modalité, liée aux croyances, à la foi et au besoin qu'aurait tout défunt d'un soutien spirituel, affirmait au Moyen Âge qu'une personne morte par accident sans avoir reçu l'extrême-onction risquait de se transformer en vampire sans même avoir été mordue. Cette tradition repose peut-être sur les anciens mythes grecs qui reconnaissaient l'existence d'êtres, les *vrykolakas* ou *brucolaques*, des humains morts accidentellement ou d'une crise subite.

Une autre forme de conversion accidentelle en vampire se retrouve chez le vampire hindou *bhuta*, qui non seulement a la vie éternelle après un accident ou un suicide, mais en plus se voit contraint à ingérer du sang ou de la chair de cadavre pour rester en vie.

Pour la plupart des chercheurs, le fait qu'un suicide puisse nous transformer en vampire ou en créature similaire est le reflet d'une règle morale qui cherche à persuader la population d'éviter les suicides.

Se suicider reste une façon de défier la volonté des dieux, censés être les seuls à décider de la durée d'une existence.

QU'EST-CE QU'UN VAMPIRE DE CIMETIÈRE ?

Comme son nom l'indique, ce vampire vit dans ou près des cimetières ; mais appartiennent également à cette famille les humains qui furent un jour enterrés et dont la tombe a été piétinée ou profanée.

On trouvait par exemple dans des pays comme la Bulgarie ou la Roumanie la croyance selon laquelle un mort pouvait se transformer en vampire si entre trois et cinq jours après sa mort sa tombe était piétinée par une personne malintentionnée, ou souillée par un animal comme un chat ou un chien y faisant ses besoins.

On peut élargir la définition aux créatures dont les mœurs les obligent à fréquenter les cimetières pour boire le sang encore tiède des humains fraîchement mis en terre. Le lecteur trouvera plusieurs exemples de ce type d'êtres dans le chapitre « Galerie de vampires ».

LES ÊTRES QUI VENDENT LEUR ÂME AU DIABLE SONT-ILS DES VAMPIRES ?

Ils peuvent en être, mais cela n'arrive pas dans tous les cas de figure. Cette croyance peut avoir trouvé sa source dans l'Europe médiévale du temps de la chasse aux sorcières. À cette époque-là, les inquisiteurs s'en prenaient aux cultes anciens et persécutaient les adeptes de rituels païens, les accusant d'être des adorateurs du démon. Ces personnes recouraient probablement au sang comme à un élément votif pour leurs dieux, plus qu'ils ne le considéraient comme une liquide vital.

QU'EST-CE QU'UN VAMPIRE SACRILÈGE ?

En général, tous les vampires le sont, car la société considère ces êtres comme des figures maléfiques associées aux forces obscures. Nous devons cependant dire que, à la différence des

VRYKOLAKAS

■ **Localisation :** ce sont des êtres qui trouvent leur origine dans la Grèce antique, mais aujourd'hui encore dans certaines régions rurales on croit à leur existence. Ils sont aussi craints sur les côtes de l'Adriatique et de la mer Égée.

■ **Apparence :** humanoïde.

■ **Idiosyncrasie :** ce sont des vampires occidentaux, contraints à l'errance éternelle pour être morts de façon subite sans assistance spirituelle. On les considère comme des âmes en peine qui errent au gré du vent, frappant aux fenêtres et aux portes des maisons, appelant leurs habitants à voix haute pour leur communiquer de mauvaises nouvelles, s'introduisant dans les foyers par les cheminées pour attaquer leurs victimes dans l'intention de leur prendre plus que leur énergie vitale.

On a longtemps dit qu'ils étaient les messagers de la mort et que leur présence, qui se manifestait par des petits coups aux portes les nuits sans vent, indiquait clairement que la Parque s'approchait des habitants des demeures concernées.

■ **Contre-sort :** il suffit de faire la sourde oreille pour ne pas tomber dans le piège du *vrykolaka*. Ce vampire a l'habitude de faire des petits bruits pour attirer l'attention ou réveiller les habitants d'une maison, mais parfois il les appelle à pleine voix par leur nom. La superstition dit que si la personne répond elle peut mourir ou être attaquée la nuit même par la créature. C'est pourquoi il n'y a que deux façons de se débarrasser de cet être étrange : la première consiste à ne pas prêter l'oreille à son appel, la seconde à lui répondre que la personne demandée est déjà morte. Dans ce cas, le « manuel » précise que si l'esprit vampirique s'enquiert de l'identité de la personne qui a répondu, celle-ci devra donner un faux nom pour éviter d'être appelée à son tour.

vampires de naissance ou accidentels, les vampires sacrilèges accèdent à leur état de leur plein gré : en effet, de leur vivant ils ont enfreint ou violé la foi et les règles sociales, et ils ont aussi renoncé à leurs croyances et aux rituels religieux respectés par leur société. Mais ce n'est pas toujours le cas non plus.

Tout au long de l'histoire, on peut trouver de nombreux exemples de ce type de vampires. Dans la Chine impériale, par exemple, offenser ou essayer d'attaquer l'empereur pouvait être considéré comme un sacrilège, non contre la foi, mais contre l'autorité. Quand cela se produisait, la personne était punie, voire exécutée, et on affirmait qu'à sa mort cette personne sombrait dans le monde des ténèbres, où bien évidemment elle risquait de se transformer en démon ou en vampire. La créature *kuan* – ou le vampire *kiag* – en témoigne : elle était capable de boire tout le sang de ses victimes en quelques secondes à peine.

Un autre exemple de créatures vampiriques chinoises : les sanglants démons appelés *chiang shih*, des diablotins qui utilisaient les corps humains pour commettre leurs attaques. À en croire le mythe, les humains qui avaient commis un sacrilège de leur vivant étaient enterrés en état de péché, leur âme refusait alors de quitter leur corps pour voyager dans l'au-delà. Les diables profitaient de cette circonstance pour posséder leur cadavre et, par extension, leur âme, qu'ils utilisaient comme véhicule d'énergie vitale pour faire sortir le défunt de l'endroit où reposaient ses restes et partir à la recherche de nouveaux corps. Mais, quand ils prenaient possession d'un corps, ils le transfiguraient : ils transformaient ses mains en serres acérées et recouvraient de poils la peau du corps décomposé auquel ils donnaient des yeux très brillants et rouges.

Vampire ou revenant ?

Ce n'est pas la même chose. Pour simplifier, le premier serait un mort-vivant ou un non-mort, un être qui a eu le malheur – en général contre son gré – de subir l'agression d'un vampire qui l'a transformé en ce qu'il est ; tandis que le second serait quelqu'un qui, pour ses péchés et peut-être pour n'avoir pas reçu une sépulture adéquate après sa mort, a été possédé par une entité maligne qui l'a transformé en une créature suceuse de sang. Le revenant est un être étrange et biscornu, mais, à la différence du non-mort, il est décédé. De son vivant, il a pu commettre des erreurs, des péchés, ou même des sacrilèges ; mais s'il revient parmi les vivants, ce n'est pas pour les attaquer, c'est pour purger ses peines.

D'après les légendes et les superstitions, et en théorie les récits de certains témoins aussi, de nombreuses personnes au Moyen Âge ont affirmé avoir vu en revenants des gens qu'elles pensaient morts et enterrés. Il s'agissait d'êtres errant sans but, mais qui n'étaient pas des vampires. Qu'étaient exactement ces êtres revenus d'entre les morts sans être des vampires ?

Autour du XIIe siècle, certains philosophes et théologiens ont émis l'hypothèse que Dieu permettait occasionnellement à certains démons – ou si l'on préfère à des anges déchus – de prendre possession temporairement de cadavres et ainsi de leur insuffler la vie. Dieu créait-il les vampires ? Non, car, malgré la similitude, les corps des revenants n'avaient pas été possédés par la volonté du Malin. Ils avaient une âme néfaste en eux, mais c'était Dieu qui l'envoyait.

Quelle était la raison de tout cela ? Plusieurs hypothèses ont vu le jour. L'une affirmait que la possession temporaire de ces corps servait aux âmes à se purifier et à terminer, dans une autre enveloppe charnelle, ce qu'elles n'avaient pu finir sur terre. Une autre hypothèse suggérait que Dieu avait créé ces créatures dans le but de lutter contre les vampires, car en définitive elles présentaient certaines affinités avec ces derniers, elles connaissaient leurs ruses, leur façon d'agir et, le plus important, elles étaient capables de les repérer et d'en finir avec eux. Mais les choses sont plus compliquées qu'il n'y paraît.

Les autorités ecclésiastiques décidèrent à cette époque que si l'on ne souhaitait pas voir Dieu emprunter un corps pour que celui-ci soit possédé par une âme néfaste, lorsqu'une mort se produisait il n'y avait d'autre recours que d'enterrer le défunt dans une terre sacrée. Ce détail a son importance, car les seuls lieux considérés comme sacrés, en marge des églises, étaient les cimetières bénits par l'Église. Mais ce n'est pas tout : seuls pouvaient être enterrés en terre sacrée (et par conséquent à l'abri de toute attaque vampirique) ceux qui appartenaient à cette religion et avaient été baptisés.

Il n'est pas nécessaire d'avoir l'esprit tordu pour arriver à la conclusion que la stratégie des revenants a été d'une grande utilité à l'Église pour remettre de l'ordre parmi les âmes égarées et chez ceux qui ne participaient pas encore activement à ses cérémonies. Il y avait encore un point : il lui fallait créer des cimetières, mais tout le monde n'était pas prêt à enterrer les siens loin du foyer, ou ailleurs que là où ils avaient choisi de le faire. L'Église édicta des lois dans ce sens, mais la seule façon de faire en sorte que les défunts reposent dans un lieu sous son contrôle consistait à « convaincre » les vivants que les cimetières consacrés par les autorités ecclésiastiques étaient les meilleurs endroits pour reposer *ad vitam æternam*.

Mais dans le domaine des revenants il y a plus encore : c'est à la même époque, c'est-à-dire au milieu du XIIe siècle, que l'Église décida de créer le concept du purgatoire. Jusque-là n'existaient que le ciel et l'enfer ; un lieu intermédiaire fut donc inventé, ressemblant à un plan d'existence ambigu et perdu où séjournaient les âmes des personnes qui n'avaient pas été baptisées, ou n'avaient pas été enterrées religieusement, etc. C'est là que vivaient toutes les âmes qui, pour une raison ou une autre, ne pouvaient trouver la paix éternelle. À partir de ce moment, les apparitions en tout genre, fantômes, spectres ou revenants, sont passées au rang des *âmes en peine* ou essences spirituelles de ceux qui ne reposaient pas en paix.

À QUOI UN REVENANT S'OCCUPAIT-IL ?

Les chroniques de l'époque et les légendes se contentent de nous raconter que les revenants avaient une vie peu active et plutôt ennuyeuse. Les âmes en peine tentaient par tous les moyens de retourner sur les lieux où elles avaient vécu. La plupart des revenants s'installaient aux abords des hameaux ou des villages qu'ils avaient connus et erraient dans l'attente d'un signe pour se purifier de leurs péchés.

D'autres se rapprochaient des leurs. Ils se présentaient à eux, presque toujours la nuit, et essayaient de parler aux vivants, même si, selon les chroniques, ils n'y arrivaient que rarement. Ce n'est que plus tard que cette activité – que l'on pourrait qualifier de « pacifique » – a commencé à s'avérer bien plus dangereuse. Les premiers revenants se présentaient pour demander pardon ou essayer de trancher des affaires en cours, voire donner des conseils ou des instructions de dernière minute qu'ils n'avaient pu laisser au moment de leur mort. Ceux de la deuxième génération, c'est-à-dire ceux qui sont apparus quelque temps après, essayaient de communiquer avec leur famille. Les suivants – il y en avait de plus en plus –, loin de prétendre réparer leurs erreurs, dérangeaient et perturbaient les vivants ; enfin ceux de dernière génération en sont venus à attaquer les humains, dans le but, comme les vampires, de prendre leur sang.

Où des revenants ont-ils été trouvés ?

Pour être honnête, on peut dire que c'est un phénomène majoritairement européen. Les premières apparitions – au moins reconnues comme telles – surgissent autour du XIIe siècle et couvrent de nombreuses zones du Royaume-Uni et de Hongrie. Mais les apparitions de revenants ne se multiplient pas avant le XVe siècle – sans doute à cause des épidémies dont nous parlerons plus loin. À partir de là, elles prolifèrent avec de plus en plus de vigueur à l'est de l'Europe, au point qu'au XVIIe siècle on parlera ouvertement d'infections ou de plaies de vampires : les revenants ou âmes en peine ne se contentent plus de purger leurs fautes, et certains d'entre eux commencent à s'en prendre aux humains.

Les chercheurs de l'époque allèrent jusqu'à penser que vampires et revenants s'étaient constitués en associations, et que les uns et les autres mêlaient leur sang et autres fluides corporels. On les trouvait en Pologne, Prusse, Hongrie, Moravie, Roumanie et même en Grèce.

C'était une époque très troublée, qui vit se déchaîner l'hystérie par crainte que tous les humains ne finissent par se transformer en vampires du fait des nombreuses agressions de la part de ces derniers, de plus en plus violentes et sanglantes. Il ne s'agit plus d'une simple superstition ou du conte inventé par un quidam dévalisé par des voleurs au détour d'un bois et qui a préféré dire qu'il s'agissait d'êtres surnaturels.

Les cas signalés de revenants et de vampires seront si nombreux que les autorités elles-mêmes cautionneront leur existence en rédigeant et signant des rapports à leur propos. Prenons en guise d'exemple un fait qui devint très courant : au fur et à mesure que de nouvelles terres étaient évangélisées, on croyait à ce point en ces créatures que la première action menée était de débarrasser ces contrées des vampires. C'est ce qui explique la saga presque légendaire d'Erik le Rouge, écrite au XIIIe siècle : quand le christianisme arriva au Groenland, le premier ordre donné fut celui d'enfoncer un pieu dans la poitrine de toutes les personnes dont on pensait qu'elles étaient mortes sur une terre profane. Ensuite on attendait l'arrivée d'un prêtre qui enlevait le pieu et remplissait l'orifice d'eau bénite. Après quoi on considérait que le corps avait été purifié et pouvait être enterré.

QU'ÉTAIT LE *VISUM ET REPERTUM* ?

Bien que cela semble incroyable, il s'agit d'un document historique lié aux vampires : c'est un rapport dont le titre pourrait se traduire par « Vu et découvert », et qui s'intéresse à la présence massive de vampires dans la population serbe de Medvedja. Ce texte rapportait que de nombreux cadavres en décomposition apparaissaient n'importe où dans la région, et que ces corps avaient appartenu à des vampires.

Aujourd'hui nous savons que ce phénomène n'était pas de nature vampirique. Certes on trouvait des corps en décomposition, certains mutilés, d'autres ensanglantés, mais la cause n'en était pas les vampires. En 1732, l'Académie royale des sciences de Prusse, après avoir analysé le *Visum et Repertum*, est arrivée à la conclusion que bon nombre des légistes qui avaient certifié que ces corps pouvaient ne pas avoir été entièrement humains avaient plus été guidés par la superstition que par leurs connaissances médicales. D'où venaient ces corps ? Pourquoi étaient-ils couverts de sang ?

Le phénomène avait en partie été déclenché par la peur des vampires et les croyances surnaturelles… En partie seulement.

Lorsque quelqu'un mourait, ses proches avaient l'habitude de débarrasser son corps de ses os, et de déposer les restes sanguinolents dans des lieux peu accessibles ou de les brûler. Lorsque la famille considérait que l'esprit de ce corps (auquel on avait retiré les os pour l'empêcher de revenir de l'au-delà) avait pris le chemin du monde des défunts, elle procédait à son inhumation. Des mois, voire des années pouvaient s'écouler après la mort : ce qui explique les restes en état de décomposition avancée, ou apparemment mutilés, à côté d'autres plus « frais » et sanguinolents.

Ce comportement funéraire si singulier trouve aussi son explication dans la croyance que les revenants peuvent, tant qu'ils ont un corps, se présenter devant les vivants ou garder un léger souffle de vie, de sorte que la seule façon de les empêcher de déranger les vivants était de leur enlever leurs os, d'attendre que leur chair soit totalement corrompue avant de les mettre définitivement en terre.

Le vampire et la morsure

Il semble évident que la méthode par excellence pour se transformer en vampire soit la morsure, mais cela n'est pas toujours vrai. Nous pensons – le cinéma s'est chargé de nous en convaincre – que la « transfusion » irréversible et la transformation consécutive viennent toujours d'une morsure à la jugulaire. Il est possible que cette région du corps soit très suggestive, mais elle n'est pas la seule : chaque vampire mord là où il peut.

Naturellement, le plus important dans la morsure n'est pas l'endroit où elle s'applique mais plutôt les effets qu'elle produit. Et nous verrons qu'elle n'a pas toujours pour conséquence la transformation en vampire, quoi qu'en disent films et romans. Dans certaines mythologies, le vampire mord, suce et ne provoque qu'une douleur ou ne laisse qu'un léger hématome, tandis que pour d'autres il mord et tue directement, mais sans transférer à sa victime la malédiction qui pèse sur lui – il ne la transforme pas en vampire.

Que mangent les vampires ?

C'est un thème curieux, car dans la saga *Twilight* nous voyons que les vampires sont ou se définissent comme « végétariens » ;

BRAHMAPARUSH

■ **Localisation** : dans la plupart des régions d'Inde et du Pakistan, mais on le trouve aussi en Afghanistan, sous le nom de *Parush*.

■ **Apparence** : en général humanoïde, mais, en fonction des cultures, on peut le voir avec un corps humain et une tête de vermine. Il a également été décrit comme un homme grand, fort, avec des mains à trois doigts, dont un très grand terminé par une sorte de serre ou de griffe très épaisse et acérée.

■ **Idiosyncrasie** : on pourrait classer cette créature dans la catégorie des vampires cannibales, car elle tue ses victimes pour leur sang mais leur dévore aussi le cerveau.

La légende raconte que ce vampire a une façon d'agir très simple : il attend ses victimes dans des zones désertes et inhospitalières. Lorsqu'il trouve quelqu'un à son goût, il l'assomme d'un coup et l'emporte dans son repaire secret. Là, le vampire plante sa griffe dans la tête de la victime, de préférence sur le haut du crâne, et boit le sang qui s'écoule de la trépanation. Après quoi il mange le cerveau.

Une autre version affirme que le vampire abandonne ensuite ses victimes loin de chez lui, au milieu d'un champ ou d'une forêt. Une troisième approche précise qu'avant de les abandonner il leur extirpe les intestins et les enroule autour de la dépouille. Il se livre ensuite à une danse macabre et termine en allumant un bûcher funéraire.

■ **Contre-sort :** on n'en connaît pas.

pourtant leur alimentation ne se réduit pas aux produits végétaux puisqu'ils vivent toujours de sang, mais dans ce cas précis ce n'est pas du sang humain, c'est celui des animaux qu'ils chassent. Il s'agit d'une exception car, dans leur majorité, les vampires tirent leur énergie du sang qu'ils obtiennent, du sang animal aussi bien qu'humain. Par ailleurs, la casuistique parle de vampires cannibales, mais ils sont minoritaires.

Un autre de leurs régimes alimentaires, plus symbolique, et peut-être à relier au monde de la magie, repose, outre le sang, sur le fluide vital. Il n'est pas toujours aisé de comprendre ce concept : on pourrait dire qu'il s'agit de l'énergie vibratoire de l'être humain, celle qui émane de lui chaque fois qu'il a une idée, un projet, une émotion. Ce serait l'énergie que nous dégageons à chacune de nos actions et de nos paroles. En définitive, l'énergie psychique, base alimentaire de ces autres créatures qui ne craignent ni la lumière du soleil ni l'ail, qui ne sont pas éternels et ne boivent pas de sang… Je veux parler des vampires psychiques, bien plus dangereux, et dont l'existence est beaucoup plus plausible que celle des vampires traditionnels.

Les vampires cannibales existent-ils ?

Même si la mythologie l'affirme, et le lecteur en trouvera des exemples dans la fiche de Brahmaparush et dans la « Galerie de vampires », ce qui est dangereux ne se trouve pas dans les mythes mais dans la réalité quotidienne. Les faits divers regorgent de cas de cannibalisme authentique, parfois rituel ou cérémoniel. Par exemple, au XIXe siècle, il existait en Papouasie-Nouvelle-Guinée une coutume funéraire pratiquée par la plupart des familles. Après la mort d'un membre du clan, ses parents, en présence du sorcier de la tribu, organisaient un banquet au cours duquel les restes du défunt étaient consommés. Le cerveau et le cœur étaient tout particulièrement appréciés, mais on ne négligeait pas d'autres parties. Ce type d'agapes cherchait à maintenir un lien avec le mort. Bien sûr, on commençait le repas en buvant le sang du défunt.

Une variante de cette pratique, par ailleurs à mille lieues de la pure coutume rituelle, se retrouve chez certains assassins qui, poussés par un besoin pressant de boire du sang, ont fini par dévorer à pleines dents le corps de leurs victimes. Je pense à certains tueurs en série qui croyaient être des vampires et avaient besoin de boire l'or rouge. Le sang les a menés à la chair.

On peut prendre l'exemple de George Hasselberg, qui s'est laissé emporter par la passion – ce n'est pas un mythe, c'est arrivé au XIXe siècle : il a suçoté, léché et mordillé sa fiancée, puis sucé avidement le premier petit filet de sang. Puis, à ses dires, saisi d'une excitation et d'un emportement que plus tard il ne sut expliquer aux autorités, il se mit à embrasser furieusement le ventre de son aimée, à le mordiller pour finir par lui dévorer sauvagement les entrailles. Plus tard il déclara : « Jamais je n'aurais pensé que je pouvais arriver à une telle extrémité. »

Mieux vaut prévenir

Enterrer une personne dans un lieu sacré ne suffisait pas toujours. Disons que cela garantissait qu'il n'y aurait ni altérations ni problèmes pendant le repos éternel, dans l'attente – d'après le christianisme – de la résurrection des morts, le jour du jugement dernier. Oui, mais avant cela ?

La norme consistait à laver le cadavre, à le purifier, à le revêtir d'un linceul ou de ses plus beaux vêtements, puis à le veiller avant de procéder à son enterrement. Mais il fallait encore prendre certaines précautions.

Il fallait par exemple fermer les fenêtres de la maison, et plus encore celles de la pièce où se trouvait le mort. La raison – qui peut nous sembler peu hygiénique – était d'empêcher tout rayon de soleil ou de lune de se poser sur lui.

Éviter le soleil semble logique : il pouvait, par sa chaleur, accélérer la décomposition, mais éviter la lune avait un tout autre sens : un rayon de lune sur un défunt pouvait attirer les créatures de la nuit, ou même en modifier l'état ; et, selon certaines croyances du centre et de l'est de l'Europe, le transformer en non-mort les jours de lune croissante ou de pleine lune.

Autre précaution : interdire toute présence animale à la veillée funèbre. Même le chien de la famille n'avait pas le droit d'y assister, encore moins un chat ou toute autre créature. Contrairement à ce qu'on pourrait penser, ce n'était pas pour éviter que l'animal ne souille le défunt, mais par peur qu'un esprit vampirique ne s'empare de la bête pour l'utiliser afin d'arriver jusqu'au cadavre et le transformer en vampire.

Il était en outre conseillé de retarder l'enterrement jusqu'au moment où le cadavre commençait à se décomposer, de façon à confirmer qu'il était vraiment mort. Enfin, pendant toute cette cérémonie, et surtout en Europe de l'Est, on accrochait de l'ail aux portes et aux fenêtres.

La suspicion de vampirisme

On appelait « suspicion de vampirisme » une procédure qui cherchait à annuler la force vampirique d'une personne décédée dans des circonstances étranges, lorsqu'on estimait qu'après son enterrement elle pourrait revenir de l'au-delà pour s'en prendre aux vivants.

On appliquait la procédure, entre autres, aux personnes mortes brutalement, sans raison apparente, sous le coup d'une malédiction – c'est du moins ce que pensaient parents ou voisins –, à celles dont on pensait qu'elles avaient eu des liens avec la sorcellerie, les démons ou les vampires – même si elles n'avaient pas été mordues –, et à bien d'autres encore.

Bien sûr, elle était aussi appliquée aux personnes mordues par un vampire, mais on peut se demander comment savoir qu'une telle chose était arrivée. Quoi qu'il en soit, au Moyen Âge il suffisait d'une dénonciation devant les autorités pour mettre en marche le mécanisme de prévention.

La méthode – résolument désagréable, moins pour le défunt qui ne devait pas sentir grand-chose que pour ses proches, qui subissaient l'humiliation de cette action – consistait, dans un premier temps, à sanctifier la zone du cimetière où la personne avait été enterrée. Les autorités religieuses autorisaient ensuite l'exhumation du corps pour le soumettre aux rituels suivants :

1. On aspergeait le cadavre d'eau bénite pour le purifier. Face au risque que le défunt soit un mort-vivant et puisse sortir de sa tombe, on disposait autour de la sépulture plusieurs hommes avec des torches, prêts à le faire brûler sur-le-champ.

2. On plaçait le corps sur le ventre, ainsi s'il revenait à la vie il ne pourrait ni remuer ni soulever le couvercle du cercueil pour sortir et aller importuner les vivants. Une variante de cette pratique consistait à briser tous les os du cadavre avant de le mettre sur le ventre. On pouvait également creuser une nouvelle tombe, plutôt un trou très étroit et profond dans lequel on déposait le corps verticalement, la tête en bas, pour qu'il lui soit plus difficile encore de sortir.

3. On sectionnait les tendons des genoux, quelle que fut la façon choisie pour l'enterrer. Le but était de l'empêcher de marcher s'il réussissait à sortir. Cela n'était qu'un minimum, bon nombre de cadavres ont été amputés des pieds et des mains pour les empêcher de marcher, mais aussi de s'accrocher à quoi que ce soit.

4. Une fois les étapes précédentes accomplies, le vampire présumé était enterré, la terre à nouveau bénite, et on dessinait des croix sur la terre.

Bien évidemment, toute cette procédure avait un coût. Pour y faire face, l'Église invitait les familles et les habitants des lieux à multiplier les dons. On peut aisément imaginer le nombre de personnes qui furent ainsi humiliées après leur mort, victimes de la peur, et le nombre de dénonciations fallacieuses qui ont dû être déposées dans le but de gagner un peu plus d'argent. C'étaient d'autres temps, même pour les religieux.

Le diagnostic vampirique

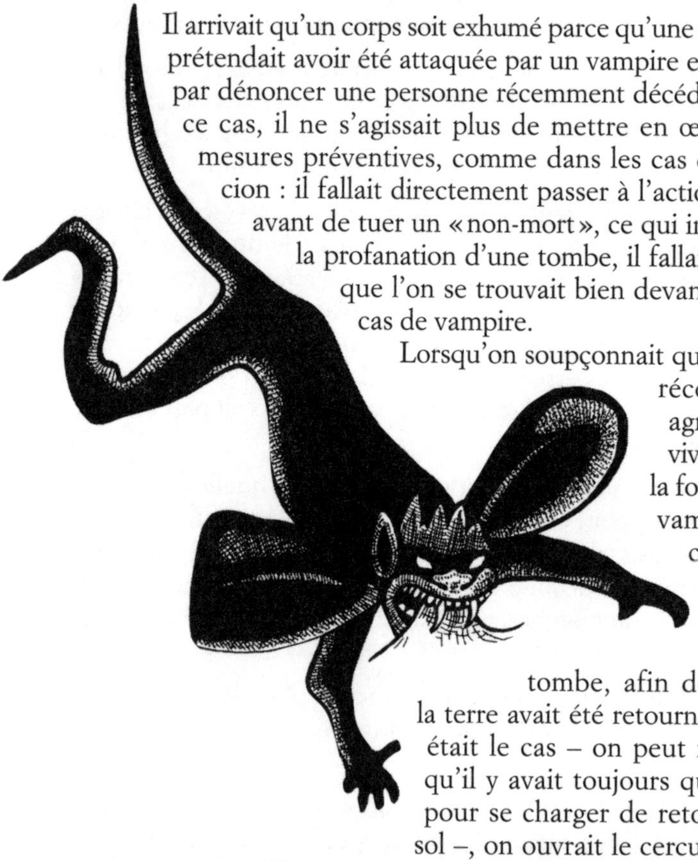

Il arrivait qu'un corps soit exhumé parce qu'une personne prétendait avoir été attaquée par un vampire et finissait par dénoncer une personne récemment décédée. Dans ce cas, il ne s'agissait plus de mettre en œuvre des mesures préventives, comme dans les cas de suspicion : il fallait directement passer à l'action. Mais, avant de tuer un « non-mort », ce qui impliquait la profanation d'une tombe, il fallait vérifier que l'on se trouvait bien devant un vrai cas de vampire.

Lorsqu'on soupçonnait qu'un mort récent avait agressé des vivants sous la forme d'un vampire, on commençait par vérifier la tombe, afin de voir si la terre avait été retournée. Si tel était le cas – on peut imaginer qu'il y avait toujours quelqu'un pour se charger de retourner le sol –, on ouvrait le cercueil et un expert – un spécialiste ès vampires j'imagine, mais les médecins très superstitieux ne devaient pas manquer – analysait les restes pour rechercher les symptômes du « mal ».

Si le cadavre avait les joues roses et du sang sur les lèvres – signes sans équivoque d'un corps récemment entré en décomposition –, le diagnostic était clair : il s'agissait d'un vampire. Il était en état de léthargie car, cela va de soi, ces séances se déroulaient en plein jour et non la nuit comme dans les films – la nuit il aurait pu sortir de sa tombe et attaquer d'autres humains. Bien sûr, pour l'empêcher de nuire, on recourait aux classiques pieu, décapitation et incinération du corps.

Comment repérer un vampire ?

C'était une chose que de dénoncer un voisin dont on supposait qu'il pouvait être un vampire, ou de prévenir directement les autorités si l'on avait été victime d'une attaque ; c'en était une autre que de repérer les vampires lorsqu'au sein d'une population on comprenait que le silence pouvait être la meilleure arme pour les éviter. Peut-être est-ce la raison pour laquelle de nombreux religieux – inquisiteurs pour certains – ont mis la main à la pâte et ont proposé des pistes pour aider à la localisation puis au repérage de ces êtres.

Une des traditions les plus singulières proposait de découvrir les tombes des vampires à l'aide d'un cheval et d'un jouvenceau. La méthode était apparemment très simple : l'adolescent, qui bien sûr devait être vierge – garçon ou fille –, était hissé sur le dos du cheval, également vierge. Après les prières de protection de rigueur et les aspersions d'eau bénite sur le jeune et sa monture, on les faisait avancer tout doucement vers les tombes. D'après la tradition, la terre que le cheval refusait de fouler était impure ou maudite, dans notre cas vampiresque.

Bien sûr, on refaisait le test plusieurs fois pour pouvoir vérifier, avant d'exhumer un corps, que le cheval avait bel et bien repéré la tombe d'un vampire. Si l'animal confirmait l'emplacement, on ouvrait la tombe et, la plupart du temps, même si le cadavre se trouvait déjà dans un état de décomposition très avancé et ne

ADZE

■ **Localisation** : en Afrique. Il apparaît au Ghana et au Togo, et est toujours lié aux chamans et aux sorciers des tribus.

■ **Apparence** : c'est un vampire mutant qui mène son existence sous la forme d'un insecte insignifiant. On dit qu'il peut être une mouche, un scarabée ou un simple ver. Cependant, comme pour magnifier la créature, dans la plupart des régions on l'associe au ver luisant, c'est-à-dire un coléoptère polyphaga luminescent. C'est précisément là qu'est sa force : dans la lumière qu'il diffuse.

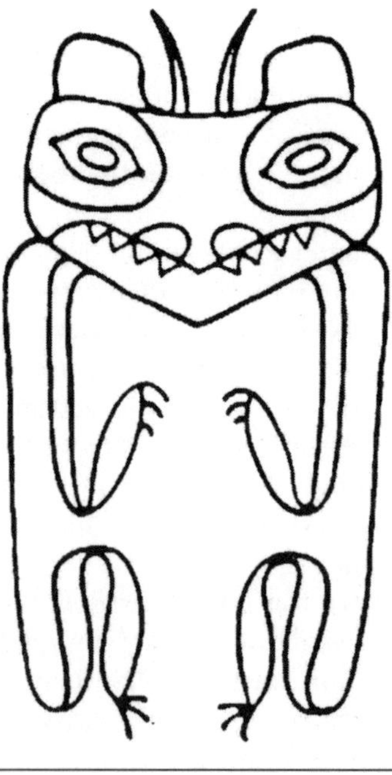

■ **Idiosyncrasie** : c'est en fait plus qu'un vampire. L'adze est une espèce d'esprit qui vit loin des humains et dans les corps des vers luisants qu'il possède pour en tirer leur énergie vitale. Mais une vieille légende du Togo assure que lorsqu'un chaman essaie de capturer un ver luisant pour que, symboliquement, il illumine sa transe, ou état de conscience modifié, il risque de capturer un adze ; dans ce cas, l'esprit se révèle au sorcier en modifiant son aspect : il fait

grandir l'insecte jusqu'à le transformer en humain. Lorsque cela est fait, il a besoin de boire du sang, de préférence celui des enfants, qu'il attaque, d'après la légende, la nuit.
■ **Contre-sort :** outre du sang, l'adze boit de l'huile de palme et du lait de coco ; c'est pourquoi un des remèdes magiques pour l'empêcher de boire le sang d'un enfant consiste à placer à côté du lit du jeune un récipient contenant ces deux liquides dilués dans un peu de sang de chèvre.

présentait aucun signe évident de fraîcheur sur le visage, il était incinéré… pour parer à toute éventualité.

Comment tuer un « mort-vivant » ?

Nous abordons l'un des thèmes les plus complexes et à la fois polémiques, car en théorie un vampire est un être immortel, de sorte que lui ôter la vie est impossible. Naturellement, il y a toujours des exceptions. On sait bien que, pour en finir avec la vie d'un vampire, il faut lui planter un pieu dans le cœur. Mais cela est-il suffisant ? Non, le sujet est plus complexe qu'il y paraît.

La superstition affirmait qu'une fois qu'un vampire était repéré, la première chose à faire était de se comporter comme si de rien n'était, jusqu'à ce que vienne le bon moment pour agir.

Le chasseur devait se munir d'une série de pieux en bois très pointus, assez grands pour transpercer la poitrine du non-mort, mais pas trop pour qu'ils restent maniables et que l'intervention soit rapide. Bien sûr, il fallait enfoncer le pieu à l'aide d'un marteau, ce qui a donné lieu à une authentique industrie de l'outillage du parfait chasseur de vampires : des marteaux à manche et cognée métalliques aux maillets avec incrustations liturgiques ou croix gravées pour renforcer l'exorcisme, en passant par des cognées d'argent, avec ou sans formules gravées, en guise de talisman.

La procédure, et plus particulièrement encore lorsqu'il s'agissait de tuer un vampire dans sa tombe, exigeait l'intervention d'au moins deux personnes : la première soulevait le couvercle du cercueil et l'autre maniait le pieu et le marteau. Mais il était conseillé d'être trois ou quatre pour agir bien plus vite.

Le protocole suggérait de couper la tête du vampire après lui avoir planté le pieu dans le cœur, et de brûler immédiatement et intégralement le corps. Étrangement, la casuistique rapporte à propos de cette décapitation des épisodes extravagants selon lesquels un vampire dont le corps n'avait pas été incinéré a été capable de marcher jusqu'à retrouver sa tête et la remettre à sa place.

Non moins horrifiants sont ces autres récits de corps de vampires gisant sans vie à côté de ceux qui les avaient tués, tandis que la tête, les yeux grands ouverts, tentait de mordre quiconque passait à sa portée. Ils sont sans doute – même s'il s'agit d'histoires inspirées de légendes ou inventées dans le simple but de raconter des aventures – à l'origine de la recommandation d'incinérer le corps sur-le-champ et d'enterrer la tête en terre consacrée, non sans l'avoir préalablement transpercée d'un autre pieu. Disons que cette délicatesse – ne pas brûler la tête – partait de l'espoir que l'âme du non-mort puisse retrouver la paix éternelle si ardemment désirée.

Pourquoi un pieu et pas un autre objet ?

On pourrait penser que le recours à un pieu s'avère plus complexe que l'utilisation d'une arme à feu ; et pourtant ce n'était pas le cas, car donner la mort à un vampire était un acte cérémoniel.

D'emblée on plantait le pieu dans le cœur parce qu'on pensait que c'était le seul organe vivant, avec le cerveau, que possédait la créature. Tout cela sans compter que, d'après les autorités ecclésiastiques, la seule partie du corps sur laquelle le diable pouvait jouer pour influencer un être, mort ou pas, était le cœur ; d'où la nécessité de le transpercer. Ce geste revenait en quelque sorte à planter un pieu dans le diable en personne.

Le pieu devait être en bois, qui ne laissait pas passer l'énergie hostile du vampire, alors que celle-ci pouvait en revanche s'échapper à travers un métal.

Quant à la nature du bois, tous ne se valaient pas : certains étaient plus nobles que d'autres pour en finir avec un vampire, mais celui que l'on considérait comme infaillible était le bois d'aubépine, car on pensait que la croix utilisée pour la crucifixion du Christ était de ce bois-là. Bien sûr, il y eut des variantes : dans certaines régions de France par exemple on a pris du bois de chêne, l'arbre le plus sacré pour les anciens druides celtes et gaulois, qui voyaient en lui la matérialisation de la pureté et de la divinité.

La variante du pal

Bien que l'empaleur par excellence fût Vlad Tepes, accusé d'être un démon sanguinaire par les uns, un féroce vampire par d'autres, la technique du pal était très ancienne, plus encore que l'emploi des cercueils. Empaler un vampire ou une personne vivante dont on estimait que c'était un mort-vivant avait pour objectif de l'immobiliser complètement, un grand pieu le traversant de l'anus à la bouche. Cela garantissait l'immobilité totale du corps, qui pouvait ensuite être brûlé ou enterré, en fonction du souhait du chasseur de vampires ou des autorités du lieu de capture de la créature.

L'intérêt de la crémation

Incinérer le cadavre n'impliquait pas seulement l'assurance qu'il n'attaquerait plus jamais personne, mais aussi la garantie que le corps du vampire ne pourrait pas se reconstruire, alors que cela pouvait arriver si on se contentait de couper une main ou d'arracher les dents d'un défunt. Le brûler apportait en plus une purification. Mais toutes les crémations ne se valaient pas : disons que le rituel variait selon la région géographique ou, pourquoi le nier, en fonction des aumônes versées par la population.

En général, lorsque le cadavre avait été décapité, il était déposé sur un lit de bois, mais il était aussi parfois démembré, et les différentes parties de son corps brûlées une par une, tandis que des prières étaient récitées tout en alimentant le feu purificateur qui permettait de délivrer l'âme du vampire.

Lorsque le feu s'éteignait, ne laissant que des cendres, celles-ci étaient aspergées d'eau bénite et recueillies pour ensuite, la plupart du temps, être jetées dans une rivière, dans l'espoir que l'eau purificatrice finisse de laver l'âme de la personne. On les enterrait rarement, et cela n'a rien d'étonnant, car cela aurait été un souvenir de l'existence d'un vampire dans le village.

La procédure prenait fin en versant de l'eau bouillante dans la tombe où l'on avait découvert le vampire et avec la célébration d'un office pour la paix de son âme.

LES *DHAMPIROS*, LES VRAIS CHASSEURS DE FANTÔMES

La méthode de l'enfant à cheval pouvait être très suggestive, mais ce qui s'avérait pratiquement infaillible pour repérer un vampire était le recours aux services d'un *dhampiro.* On retrouve souvent cette créature singulière dans le folklore gitan : mi-vampire, mi-humaine, elle naissait de l'union d'une femme avec un vampire.

Les vertus attribuées aux *dhampiros* étaient variées. On disait par exemple qu'ils avaient une grande puissance olfactive, avec des capacités hyperosmiques. Le *dhampiro* était capable de sentir à des kilomètres de distance le soufre que démons et vampires

BAJANG

■ **Localisation** : en Malaisie.
■ **Apparence** : il en a plusieurs. La plupart du temps il a l'aspect d'un chat, mais il peut prendre forme humaine. Lorsqu'il s'apprête à attaquer, il le fait généralement en se transformant en homme.
■ **Idiosyncrasie** : le folklore le met près des enfants auxquels il tend un piège en s'avançant vers eux sous les traits d'un innocent matou. Lorsque les jeunes s'en approchent pour le caresser, il se laisse faire, et au moment où ils le prennent pour le mettre sur leurs genoux, il les griffe (selon d'autres versions il les mord), leur inoculant une espèce de substance tranquillisante. Ensuite il se métamorphose en humain et boit leur sang à partir de la blessure infligée.
■ **Contre-sort** : étrangement, loin de préciser comment éviter la présence de ces créatures ou d'expliquer comment les tuer, la superstition malaise nous dit comment les utiliser pour faire du mal à d'autres personnes. En d'autres termes, elle explique comment les domestiquer et les faire travailler pour leur maître.

Une recette ancienne rapporte que le *bajang* sert à jeter des sorts et toutes sortes de malheurs sur des ennemis ; pour ce faire, il faut le capturer dans sa phase de transformation de chat en homme. À cet instant, il faut l'enfermer dans une boîte en bambou. Naturellement, comme il est très puissant et assez fort pour briser le bambou, celui qui l'a capturé doit le nourrir en lui donnant un ou deux œufs par jour pour créer un espoir de futur chez la créature, et lui indiquer que très bientôt, lorsqu'il sera libéré, il devra faire le mal. Mais tout en faisant cela il doit prononcer chaque nuit une série de formules inconnues.

> La tradition affirme qu'après un certain temps, si le maître du *bajang* a une âme sombre, si c'est une mauvaise personne qui a bien traité le vampire, alors ce dernier, lorsqu'il sera libéré, ira faire le mal là où son maître le lui ordonnera.

étaient censés dégager. Mais leurs pouvoirs ne s'arrêtaient pas à l'odorat : certains *dhampiros* avaient, tout comme les vampires, la faculté de voir la nuit, et certains pouvaient même repérer des vampires invisibles.

Une autre des vertus des *dhampiros* – outre le fait qu'ils n'attaquaient pas les humains pour boire leur sang – était leur faculté d'entendre les sons émis par les vampires aux aguets. Avec toutes ces capacités, le *dhampiro* était évidemment le parfait chasseur de non-morts.

LA MALLETTE DU VAMPIROLOGUE

Pendant des siècles, il y en a eu de tous types, et il était facile d'en trouver jusqu'à la fin du XIXe siècle dans certains pays d'Europe centrale. En possédaient une les personnes de confiance des autorités religieuses ; elles arrivaient dans un hameau, leur mallette à la main, avec une seule mission : en finir avec un vampire. Voici le kit classique pour éliminer les vampires :

• **Ail** : les vampires ne supportent pas son odeur. Il faut en accrocher aux fenêtres, mais le chasseur en porte sur lui pour être imprégné de son odeur et repousser le vampire à bonne distance.

• **Miroir** : la tradition veut que les vampires ne se reflètent pas dans les miroirs, mais les vampirologues s'en servaient, les jours de chasse diurne, pour projeter les rayons du soleil dans des lieux sombres. En revanche on prétendait aussi qu'un vampire pouvait voir son propre reflet, donc si on lui présentait une glace, par le fait de se voir, et s'il lui restait une once de conscience morale, son cœur pouvait être paralysé.

• **Eau bénite** : une petite bouteille suffisait. Elle était utile au chasseur pour brûler la peau du vampire avec quelques gouttes seulement, pour combattre son pouvoir à sa simple vue, et pour purifier le sol que la créature avait foulé.

• **Crucifix** : il fallait en emporter au moins deux. Le premier autour du cou, en guise de mesure préventive autant que répulsive face à une agression, et le second, de bonne taille, tenu à la main, servait à garder le mort-vivant à distance. Il était parfois utile également pour être placé sur la poitrine du vampire avant de planter le pieu dans son cœur ; cette dernière méthode ne pouvait s'employer que si l'on surprenait la créature dormant dans son cercueil.

• **Pieux en bois** : le meilleur était en bois d'aubépine, mais si le chasseur ne disposait pas de ce matériau il pouvait prendre du chêne vert, du chêne rouvre ou du hêtre. Bien sûr, il fallait planter le pieu dans le cœur ou en tout autre endroit permettant de l'immobiliser.

• **Marteau** : il servait à enfoncer le pieu, et son manche, diversement décoré, pouvait se terminer en pointe, comme un pieu.

• **Couteau en argent** : on l'utilisait pour pratiquer des incisions ou des entailles sur le corps du vampire, car l'argent était le seul métal capable de le blesser réellement. Quand il fallait couper la tête de la créature, on le faisait grâce à ce couteau, arrosé d'eau bénite, théoriquement censée en aiguiser la lame.

En finir avec le mal coûte que coûte

La chasse aux vampires et leur destruction ont conduit à d'autres méthodes qui peuvent sembler plus innocentes, et en tout cas bien moins violentes que les procédés décrits plus haut, comme prier, faire certains gestes pour les écarter de notre vue, etc. Si nous voulons disposer d'un panorama complet des procédés les plus « classiques », nous ne pouvons passer sous silence les actions que voici :

• **Cracher** : c'était une des méthodes préférées des zingaros. Ils affirmaient que, face à la crainte d'une présence éventuelle de vampire, il fallait cracher sur le chemin parcouru en répartissant les crachats aux quatre points cardinaux et en prononçant une phrase de mépris à l'égard des êtres de la nuit. Il s'agissait d'un procédé innocent, mais cela ne les empêchait pas, s'ils rencontraient un vampire dont ils pouvaient venir à bout, de le décapiter pour ensuite brûler sa tête sur un bûcher dans lequel ils plaçaient un petit morceau d'or.

• **Chanter** : c'est une méthode classique dans certaines régions des Philippines, particulièrement là où sévissent les vampires rôdeurs de cimetières, car la tradition populaire croit savoir que ces créatures ne supportent pas les chants harmonieux et mélodieux.

• **Prier et porter un scapulaire sur la poitrine** : c'était l'une des méthodes classiques du Moyen Âge. Elle n'éliminait pas les vampires, mais elle les tenait éloignés.

• **Dessiner une croix sur la plante des pieds** : encore une méthode fondée sur les croyances religieuses chrétiennes. Dans ce cas on croyait que la croix protégeait le marcheur de tous types de démons et de vampires. On disait qu'au contact du sol elle opérait une sorte de purification, ce qui faisait diminuer les probabilités de trouver un vampire derrière soi. Mais toutes les croix n'avaient pas le même effet : la tradition suggérait de faire dessiner ou bénir le symbole par un prêtre.

• **Verser du sel dans sa tanière** : cette méthode enfermait le vampire dans sa cachette. La superstition assurait que les vampires et les démons haïssaient le sel, de sorte que si l'on déposait un cordon de sel devant l'entrée de sa grotte, ou tout autour de sa tombe, à son réveil la créature ne pouvait pas sortir de son trou. Bien sûr, ne pouvant plus sortir chasser, le vampire finissait par mourir de faim.

• **Distraire le vampire** : les méthodes pour distraire les vampires et ainsi éviter leurs attaques ne sont pas moins étranges. L'une des plus connues consistait à répandre des graines de coquelicot sur le sol du cimetière où était censé se trouver le vampire. Les coquelicots n'avaient rien de particulier, mais la croyance populaire affirmait que les morts-vivants avaient une prédilection très forte pour ces fleurs, et que, lorsqu'ils sortaient de leur tombe, ils étaient incapables d'aller chasser – pour boire du sang humain – avant de s'être emparés de toutes les graines. On peut imaginer que cette méthode visait à pousser le vampire – peu futé – à passer la nuit à chercher les graines pour ne finir qu'au lever du jour, moment où il devait retourner se cacher dans sa tanière.

Les remèdes anti-vampires de grand-mère

Si les remèdes ci-dessus peuvent parfois nous sembler peu expéditifs pour éradiquer le pouvoir des vampires, nous pensons que les suivants, que nous pourrions qualifier d'« éternels », sont pour le moins curieux. Nous les énumérons ici non dans le but de voir nos lecteurs les mettre en pratique – encore que chacun est libre d'agir à sa guise –, mais plutôt pour montrer le grand nombre de « recettes » que les croyances sur les morts-vivants ont pu engendrer.

• **À la manière celte** : les druides ne croyaient pas aux vampires en tant que tels, mais plus en la possibilité qu'une personne morte puisse être possédée de nouveau par son esprit ; dans ce cas, la seule façon pour elle de rester en vie était de boire le sang des vivants. Pour éviter cette épineuse éventualité, ils enterraient leurs morts la tête en bas, et près de l'endroit ils plaçaient des faux ou des serpes (qui n'étaient pas en or comme celles des druides mais d'un métal plus vulgaire) pour que les démons, les esprits néfastes et même l'esprit du défunt sachent que le corps qui leur avait appartenu perdrait la tête, qui serait coupée, s'ils s'avisaient de revenir.

• **À la manière grecque :** cette méthode est encore pratiquée dans les zones rurales de Grèce. Rappelons que, là-bas, les *vrykolakas* sont redoutés (voir fiche correspondante p. 65). Pour éviter qu'un défunt ne se transforme en vampire, on fabriquait une croix en cire au centre de laquelle on incrustait une pièce en céramique sur laquelle était écrit « Jésus-Christ est puissant ». La croix était ensuite posée sur la poitrine du défunt pour que personne ne s'empare de son corps ni ne le transforme en vampire.

• **À la manière slave** : on utilisait souvent des gousses d'ail. On en plaçait une dans chaque orifice, une autre sous la langue et deux autres sur les paupières. On scellait ainsi symboliquement le corps et on évitait que rien d'étrange n'entre en lui pour le posséder. On en mettait quelques-unes encore dans les poches des vêtements du mort et dans le cercueil.

• **À la manière teutonne** : les Teutons, qui avaient des origines celtes et vivaient au Moyen Âge sur les rives de l'Elbe, dans l'Allemagne actuelle, considéraient qu'aucune précaution n'était superflue contre les vampires. C'est sans doute la raison pour laquelle avant d'enterrer leurs morts ils leur transperçaient le cœur avec un poinçon, même si celui-ci n'était pas en bois. Mais, au lieu de gousses d'ail, ils mettaient un citron dans leur bouche car ils pensaient que ce fruit était le remède par excellence contre les vampires.

L'AIL EST-IL VRAIMENT EFFICACE ?

Il n'est pas facile de savoir exactement à partir de quand on a commencé à associer cette plante avec le monde vampirique. Une superstition précise que l'arôme de l'ail est trop fort pour être agréable à un vampire. Quoi qu'il en soit, la croyance qu'il pouvait éloigner les mauvais esprits et les êtres maléfiques – au Moyen Âge, on élabore des amulettes à base d'ail – se transforme en remède contre les êtres maléfiques. Voici, parmi d'autres, les superstitions les plus connues :

• Une gousse d'ail dans la bouche : elle était conseillée, à titre préventif, à toute personne amenée à approcher un vampire pour le chasser, car si jamais la créature l'attaquait et la dépouillait de son crucifix et de son eau bénite, il lui resterait toujours l'ail dans la bouche en guise de protection. Le remède de la gousse d'ail était aussi utilisé directement sur les vampires : après leur avoir transpercé le cœur, si on ne pouvait ni les brûler ni les décapiter, on leur introduisait une gousse d'ail dans la bouche et on refermait le cercueil.

• **Bains d'ail** : on les préparait comme s'il s'agissait d'une soupe à l'ail à laquelle on pouvait ajouter du romarin ou des écailles de pomme de pin.

• **Ail dans la maison** : dans le centre et l'est de l'Europe, on mettait des gousses d'ail aux fenêtres, près des portes d'entrée et sous les lits. L'ail était indispensable dans tout foyer dont les habitants croyaient aux vampires. La simple présence de la plante atténuait la force des créatures.

• **Ail sur la tête** : au Moyen Âge, on disait que la meilleure méthode pour se protéger contre le mauvais regard d'une sorcière était de se mettre une tête d'ail sous la nuque. La méthode reposait sur l'argument que, lorsque certaines sorcières ou personnes jetaient des mauvais sorts, elles ne le faisaient jamais en regardant leurs victimes dans les yeux, mais portaient plutôt leur regard sur leur nuque. Ainsi les mauvaises pensées et les vibrations hostiles circulaient mieux.

Porter une tête d'ail derrière la tête garantissait la répulsion de toute forme de mal susceptible d'arriver par-derrière.

Les vampires et les miroirs

Pendant des siècles, l'humanité a dû se contenter de se regarder dans l'eau pour voir son reflet, puis dans les métaux avant de pouvoir se regarder dans les miroirs.

Peut-être le fait de voir son reflet dans l'eau sans pouvoir le toucher a-t-il donné naissance à la théorie selon laquelle cette image n'était pas seulement un reflet, mais l'âme même de la personne. En partant de cette tradition et de l'idée que les vampires n'ont pas d'âme, car celle-ci est censée avoir été capturée par les forces du mal, il est logique de penser qu'ainsi a pu naître la légende qui veut que ces créatures ne puissent pas se refléter dans un miroir. Une autre hypothèse était que l'âme abandonnait le corps au moment de la mort. Si nous considérons que le vampire, qui est un non-mort, n'est pourtant pas un vivant, son âme ne pourrait plus jamais se refléter dans un miroir.

De toute façon, nous ne pouvons nier que nous devons l'idée du miroir associée à la répulsion que ressent pour lui un vampire et à la croyance qu'il ne peut se voir dedans à *Dracula*, car c'est à partir de la publication du roman que se répand cette théorie. Avant cela, il est avéré que l'on croyait à cette possibilité, mais également à cette autre, évoquée plus haut, qu'il était bon qu'un vampire se regarde dans une glace (s'il l'osait) car s'il restait au

ASANBOSAM

■ **Localisation** : on peut le trouver dans diverses cultures du continent africain. Pour certains il vit entre les dunes, comme les anciens démons du désert ou djinns ; pour d'autres, il se cache également dans le désert, mais seulement dans les ruisseaux des oasis, dans lesquelles il vit, dilué dans l'eau. Certaines mythologies le font vivre dans les hameaux à l'orée de la jungle.

■ **Apparence** : elle change selon le lieu où on le trouve. La version la plus répandue est celle d'un être humanoïde, assez pâle (même au cœur de l'Afrique noire), qui possède des serres crochues en guise de pieds. Mais il y a de nombreuses variantes. La peau du vampire des dunes est granuleuse et on dit qu'il peut prendre la forme de pratiquement n'importe quel être vivant. Les *asanbosam* des eaux seraient transparents.

■ **Idiosyncrasie** : il agit comme la plupart des vampires, c'est-à-dire qu'il suce le sang, mais sa particularité c'est qu'il mord le pouce de ses victimes et non leur cou.

■ **Contre-sort** : il n'y en a pas mais, pour les tenir à distance, les Touaregs préconisent de s'enduire les pouces d'huile et de sel.

plus profond de son âme un souffle de Dieu, le non-mort serait capable de voir en quoi il s'était transformé. En regardant son reflet il verrait un être monstrueux qui lui inspirerait une telle peur qu'il renoncerait instantanément à servir encore les pouvoirs du Malin. Comme nous le voyons, il y avait des théories pour tous les goûts.

Les vampires psychiques : leur énergie est dangereuse

On dit que ce sont des experts du chantage, des manipulateurs des émotions et des sentiments ; qu'ils profitent de nous, de notre travail, de notre famille, de nos amis, de notre partenaire… Si, pendant des années, nous avons vu que certains vampires traditionnels semblaient avoir un certain charme, ou *sex-appeal*, qui les rendait différents des autres, il en va souvent de même avec les vampires psychiques. Ils peuvent paraître charmants, mais lorsqu'ils ont choisi leur victime ils la pressent métaphoriquement jusqu'à la dernière goutte, la laissant inerte, effondrée et sans défense. Comment font-ils ? Ils manipulent les émotions, les mots et les actes avec leur très grande force mentale. Leur seule présence est par ailleurs capable de modifier les sentiments, d'engendrer fatigue, dispersion, et une étrange sensation de malaise tout autour de nous, sans que personne sache d'où elle vient, et qui tardera à disparaître – ce qui pourra nous valoir plus d'une migraine.

Il n'y a ni limites physiques ni âge pour être un vampire psychique. Il ne faut pas non plus de lien particulier avec la victime, mais il semble avéré que ces vampires auraient plus de pouvoir sur leurs proches que sur des étrangers. L'explication est peut-être toute simple : les personnes qui les connaissent baissent sans doute la garde devant eux.

En général, ce sont des individus négatifs, qui trouvent toujours à redire à tout. Ils n'ont pas d'espoirs ou de buts précis, ils se laissent souvent aller à des idées sinistres qui leur font voir noirceur, trahisons et échecs là où il n'y a que de petits problèmes anodins. Autre point à souligner : leur façon d'agir dans la vie. Ce sont des solitaires introvertis. Ils ont peu de relations sociales et encore moins de contacts intimes ou personnels. Ils peuvent se rendre sympathiques, drôles, voire aimables, mais c'est qu'ils cachent bien leur jeu.

À la différence des vampires traditionnels – ceux qui sucent le sang –, les vampires psychiques ne sont pas forcément conscients de leur essence particulière. Ils ignorent généralement le malaise qu'ils inspirent ; la plupart du temps, ils ne se voient pas eux-mêmes comme des personnes malfaisantes. Ils pensent que la vie est injuste, qu'elle ne les traite pas bien ou qu'ils n'ont pas le sort qu'ils mériteraient.

Où réside leur pouvoir ?

L'avantage des vampires psychiques, comme pour les traditionnels, c'est que personne ne pense qu'ils existent. Par conséquent, au moins de nos jours, on ne prend pas de mesures à leur encontre. Sans le vouloir, les vampires psychiques manipulent ou agissent sur l'énergie ambiante. Leur seule présence engendre des états de tension, et dans le pire des cas de l'hostilité. Ils produisent donc un mélange de perturbations qui peut affecter les personnes, les animaux ou les choses.

D'après l'écrivain Ian Worthy, auteur de *Gafes, los pájaros de mal agüero* (« Les porteurs de poisse, ces oiseaux de mauvais augure »), les vampires psychiques sont comme ces personnes qui portent la poisse et qui, sans en être conscientes, sont capables de projeter un grand pouvoir mental. Pour Worthy, « leurs idées, leurs vibrations, leurs préoccupations produisent un vaste champ d'énergie qui émane d'elles lorsqu'elles parlent, ou simplement sont présentes dans un lieu, même quand elles se livrent à une activité plaisante. Toute cette énergie finit par retomber sur les personnes qui sont autour d'elles, qui remarquent subitement que quelque chose ne va pas bien ; elles se sentent plus fatiguées qu'à l'accoutumée, voire malades et apathiques, comme si un camion leur avait roulé dessus. »

Tous les vampires psychiques ne sont pas identiques

De façon générale, les chercheurs en la matière affirment qu'on peut établir deux classes : les mentaux et les physiques, avec deux sous-catégories chacune.

Dans la famille des mentaux, nous aurions les vampires oniriques, dont l'énergie nous parviendrait dans nos rêves pendant notre sommeil, et qui engendreraient de ce fait des altérations de notre repos. Viendraient ensuite les mentaux, les plus dangereux de tous, car ils affectent spectaculairement nos émotions : après avoir été soumis à leur influence, nous plongeons dans un abîme de confusion, nous n'avons plus de projets précis, nos idées ne nous semblent plus valables, nous mettons une éternité à accomplir ce que nous avons à faire.

Dans la famille des physiques, nous devons distinguer les domestiques des physiques à proprement parler. Les premiers sont ceux qui installent une mauvaise ambiance dans les foyers par leur simple visite, même si la rencontre a pu être agréable. Lorsqu'ils quittent les lieux, les habitants se retrouvent dans un état différent : nerveux, irritables, ou encore affligés et dépourvus de volonté. Les vampires physiques mettent mal à l'aise de par leur simple présence. Ils peuvent modifier la température

BAOBHAN SITH

■ **Localisation** : bien qu'on prétende qu'elle peut vivre dans diverses régions de Grande-Bretagne, elle est cataloguée comme un vampire-fée d'Écosse. En général, elle se déguise en une splendide vierge et trompe ainsi ses victimes avant de leur donner la mort. La *baobhan sith* apparaît vêtue de vert.

■ **Apparence** : le folklore affirme qu'il s'agit d'une fée à la peau pâle ; elle ne reçoit pas en vain son autre nom de « femme blanche des hautes terres ». Mais, d'après certaines descriptions, il s'agit d'un fantôme capable de boire le sang de ses victimes. Pour d'autres, c'est un être de chair et d'os, à l'apparence humaine, avec un corps séduisant, bien qu'en réalité il s'agisse d'une fée.

■ **Idiosyncrasie** : comme tant d'autres vampires d'apparence féminine, la *baobhan sith* fonde sa principale stratégie de chasse sur la séduction. Les légendes indiquent qu'elle s'approche habituellement des campements des voyageurs, mais seulement quand il y a un bal ou de la musique. Elle se présente d'un coup comme une voyageuse ordinaire égarée qui demande l'aide des gens présents. Lorsqu'elle a éveillé leur solidarité, elle les séduit par des regards, des danses et en les enivrant, jusqu'à ce que chacune de ses futures victimes s'effondre vaincue par le sommeil et les effets de l'alcool. Elle les égorge alors pour boire leur sang.

■ **Contre-sort** : une vieille superstition affirme que la meilleure façon d'empêcher ces terribles créatures de s'approcher d'un campement est de ne pas jouer de musique, car c'est elle qui attire la vampiresse. Une autre façon de s'en protéger serait d'arborer une étoffe verte, la couleur favorite de la *baobhan sith*. Si, à la tombée de la nuit, apparaît une femme égarée, susceptible d'être la vampiresse, il faut jeter le tissu au feu. Si la visiteuse est réellement la *baobhan sith*, elle prendra peur ; il faudra l'exécuter sur-le-champ en lui transperçant le cœur avec une épée ou un poignard.

corporelle, donner des maux de tête, des nausées ou des étourdissements sans même nous parler.

Comment lutter contre un vampire psychique

Ici, les pieux seront d'une piètre utilité… à moins que nous ne cherchions à finir en prison pour assassinat !

Contrecarrer la force de ce genre d'êtres est complexe. Pour commencer, nous pouvons demander à une personne de s'éloigner de nous si nous l'avons repérée comme un vampire psychique. Que pouvons-nous faire encore ?

Dès que nous repérons cette personne, nous devons garder nos distances, l'éviter, faire en sorte de ne pas lui parler en dehors du strict nécessaire, puis nettoyer et aérer notre foyer chaque fois qu'elle vient chez nous. Les experts nous conseillent en outre de prendre une douche après avoir fréquenté une de ces personnes.

N'oublions pas que nous parlons d'êtres humains tout comme nous. Des individus, femmes ou hommes, qui ne savent pas ce qu'ils sont et ne sont pas conscients de leur condition, mais qui attaquent mentalement. C'est pourquoi le mieux dans ces cas-là est de ne leur transmettre aucune sorte de préoccupations, car ils pourraient les amplifier dans leur esprit et finir par nous affecter négativement. Nous ne devons pas non plus leur raconter nos projets avant qu'ils ne prennent corps et, bien sûr, nous devons éviter qu'ils ne nous aident à en élaborer ou à les mettre en œuvre.

La transformation vampirique

Si certains humains peuvent modifier leur aspect et se transformer en loups, ou certains guerriers en ours, et si certains magiciens – toujours selon les traditions et les légendes – étaient capables de changer d'apparence et de se convertir en un autre être, que dire des vampires ? Ne peuvent-ils se transformer qu'en chauve-souris ? Non. Comme le lecteur pourra s'en rendre compte en consultant les différentes fiches vampires, il en existe une variété infinie, pour tous les goûts : des vampires aux allures de chat à ceux qui deviennent des ombres en passant par les formes humaines ou animales. Mais les plus spectaculaires sont sans doute ceux qui, insectes de jour, deviennent des créatures terrifiantes, mi-humaines mi-oiseaux.

D'un point de vue symbolique et analytique, le vampire n'a aucunement besoin de se transformer en un autre être, car en réalité il est cet être. En d'autres termes, quand il meurt en tant qu'humain, il est possédé par une autre entité qui lui donnera une nouvelle apparence, et c'est là que nous voyons apparaître des créatures dotées de serres, de visages épouvantables, ou des mutants mi-hommes mi-bêtes. Mais il arrive parfois, d'après les légendes, qu'il reprenne son aspect humanoïde pour pouvoir se mêler aux vivants et les attaquer.

BRUXA

■ **Localisation** : au Portugal et dans certaines zones du sud de la Galice, au nord-ouest de l'Espagne.

■ **Apparence** : c'est encore une vampiresse, dotée de caractéristiques zoomorphes. Initialement, c'est un oiseau qui se transforme en belle femme juste avant de boire du sang d'enfant.

■ **Idiosyncrasie** : il s'agit d'une créature associée aux croyances locales autour des sorcières. On dit que la *bruxa* est une femme normale et ordinaire, du moins pendant la journée, mais qui, la nuit venue, se transforme en oiseau : hibou pour les uns, corbeau pour d'autres. Elle volette sur les chemins pour tourmenter les voyageurs avec le battement de ses ailes, et les plonger dans un sommeil profond ; elle peut ainsi se poser près d'eux, choisir les enfants et se délecter de leur sang.

■ **Contre-sort** : la tradition populaire assure que lorsque ce vampire rôde, les hiboux ululent par intermittence, ce qui constitue le meilleur des signaux d'alarme.

Le fait qu'on ne parle essentiellement que de chauves-souris est en partie imputable au cinéma, car à d'autres époques les vampires avaient été associés aux corbeaux – qui vivaient dans les cimetières –, aux hiboux – dont on disait que le ululement annonçait une mort prochaine – ou aux chats, noirs bien sûr, car selon les codex, les grimoires ou traités de magie médiévaux, le démon et avec lui les êtres de l'ombre habitaient le corps de ces félins noirs.

La zoanthropie : magie ou maladie mentale ?

Il est curieux que certaines personnes qui croient être des vampires affirment avoir le pouvoir de se transformer en d'autres êtres, presque toujours en chauves-souris, et disent ressentir une grande douleur au moment de leur métamorphose.

Si nous nous en tenons à la réalité, la zoanthropie est une maladie. Le patient pense être un animal et se comporte comme tel. Il peut se voir lui-même comme un aigle et se lancer dans le vide depuis une fenêtre, persuadé de pouvoir voler. Il peut croire qu'il est un grand ours, ou qu'il se transforme en loup-garou les nuits de peine lune, ou qu'il est un vampire. Un cas curieux a été recensé de malade zoanthropique : pensant être un poisson, il est mort des suites d'une apnée prolongée parce qu'on ne l'avait pas laissé séjourner dans l'eau. Sa pathologie était tellement ancrée dans son cerveau qu'elle l'a emporté sur son instinct naturel de survie.

TROISIÈME PARTIE

Et si les choses n'étaient pas ce qu'elles semblent être ?

Tout ce qui a été rapporté dans ces pages, toutes les croyances et les procédures évoquées jusqu'ici n'auraient aucun sens si au Moyen Âge on n'avait pas accordé une grande importance à l'inconnu. Le mythe n'aurait pas prospéré et évolué de la sorte pratiquement jusqu'à nos jours, ou plutôt jusqu'au début du XXe siècle, moment où la science s'en est mêlée comme nous le verrons plus loin.

Au XIIe siècle, le vampirisme est apparu partout, mais nous pensons qu'il est utile de signaler un vampire catalan qui serait en quelque sorte la version hispanique de Vlad Tepes. Il s'agit du comte Estruc, héros de la légende espagnole la plus significative en matière de vampires.

Estruc, ou Estruga (en catalan, l'expression *mala estruga* signifie « malchance » d'un point de vue magique), était un ancien seigneur féodal qui vivait dans son château dans le village de Llers. Son histoire est simple, mais morbide : ce personnage est mort assassiné dans d'étranges circonstances, suite à une malédiction, et a fini transformé en vampire. Pourquoi la légende est-elle née ? Certainement à cause du caractère revêche de celui qui fut comte de son vivant, car il maltraitait ses courtisans et valets, et, à ce qui se disait, il participait activement à des rituels ésotériques dans lesquels le sang ne manquait pas.

Le problème c'est que, après sa mort, les choses ont empiré, car le comte quittait sa tombe la nuit pour terroriser les jeunes femmes des alentours, qu'il violait continuellement et qui, selon les chroniques, auraient donné naissance à des êtres monstrueux. Heureusement pour le village, ces derniers mouraient à la naissance. Pouvons-nous y croire ? Difficilement.

Il est facile d'accepter que le dénommé Estruc était un méchant homme, doté d'un mauvais caractère, prétentieux et despotique, quelque chose qui devait être assez courant à cette époque, mais de là à faire de lui un vampire il y a un abîme. Les chercheurs pensent que sa figure et sa légende ont servi à justifier les viols, les vols et toutes sortes de phénomènes difficiles à expliquer, comme le fait de tuer un nouveau-né non désiré, et dont le père était tout autre que le comte vampire.

Nous avons une autre perle digne d'intérêt dans cette galerie des horreurs : au XVIe siècle en Écosse, sous le règne de Jacques VI, vécut un personnage singulier et sectaire, Alexander Sawney Beane, qui, selon la légende, fonda un étrange clan familial truffé de cannibales et de vampires qui causèrent des ravages dans les populations avoisinantes vingt-cinq ans durant.

Bien que les spécialistes estiment que Beane n'a pas existé et que la rumeur selon laquelle lui et sa famille auraient dévoré plus de mille personnes n'est que pure invention, il est encore possible aujourd'hui d'entendre son histoire. Certes, ce n'est plus maintenant qu'un simple élément folklorique de curiosité, mais il y a cinq siècles – et peut-être moins encore – cela constituait une raison plus que suffisante pour permettre de couvrir des délits qui n'étaient évidemment pas l'œuvre de vampires.

Si nous continuons à avancer, à la Renaissance le phénomène vampirique, loin de s'atténuer, a continué à s'amplifier, et même si on leur cherchait des explications plus ou moins philosophiques, on était encore loin de situer ces êtres à leur juste place – cela n'arriverait pas avant le XVIIIe siècle. Justement, à cette époque, les histoires de vampires ne se racontaient pas au coin du feu ; elles étaient publiées dans certains journaux, d'abord comme de simples récits, mais assez vite comme une étrange et morbide chronique de faits divers. Heureusement, les lumières gagnèrent du terrain et imposèrent le principe que les vampires n'existaient pas et qu'il fallait leur trouver des explications plus conformes avec les temps nouveaux.

C'est alors, en 1746, qu'un moine bénédictin, Augustin Calmet, publia son ouvrage *Traité sur les apparitions des anges, des démons, des esprits et des revenants, et sur les vampires de Hongrie, Moravie, Silésie, etc*. Derrière ce titre interminable, le moine tentait de minimiser l'importance du phénomène. C'était le même objectif que visait le livre *Les Vampires à la lumière de la médecine*, écrit en 1749 par Prospero Lambertini – qui deviendra pape sous le nom de Benoît XIV –, mais rien de tout cela ne put l'emporter sur la foi et la peur de l'inconnu.

Par ailleurs, les temps changeaient et la société voulait se débarrasser des supercheries et de la foi. Avec les lumières, de la même manière que l'Église traditionnelle écrivait sur les vampires d'un point de vue théologique et pastoral, les érudits – parmi lesquels on trouvait aussi des religieux – devaient le faire éclairés par les lumières de la science. Gerard van Swieten publia ainsi en 1755 un *Rapport médical sur les vampires*. Subitement, tout le monde se mit à écrire sur les vampires, mais il fallut attendre le XIXe siècle pour les débarrasser d'une certaine méchanceté et de la crainte qu'ils suscitaient et les faire passer au rang de sujets littéraires, poétiques, voire dramatiques. Disons qu'on normalisait ainsi le mythe, en minimisant son importance, au moins en dehors des zones rurales où on continuait à les rechercher pour les chasser. Mais un jour tout cela changea…

CHUREL

■ **Localisation** : en Inde.
■ **Apparence** : il s'agit d'une vampiresse de type spectre ou fantôme. Elle a un aspect grotesque, avec de grosses lèvres épaisses, et sur son corps se détachent deux seins volumineux et tombants. Mais le plus effrayant serait sa langue noire qui, d'après les experts en iconographie et symbolique, serait le reflet de ses mauvaises intentions.
■ **Idiosyncrasie** : selon le mythe, qu'elle se manifeste comme un fantôme ou qu'elle prenne une apparence charnelle, son but est d'attaquer rapidement et sauvagement ses victimes. Parmi elles, elle choisit les plus jeunes. Une autre version la présente comme une femme morte sous le coup d'une malédiction, alors qu'elle était enceinte. Ses proches ne l'auraient pas soignée lorsqu'elle est tombée malade, si bien qu'après sa mort elle est revenue de l'au-delà sous forme de vampire pour boire le sang des personnes qui négligent leurs proches, plus particulièrement les femmes enceintes.
■ **Contre-sort** : on n'en connaît aucun, à part bien sûr le fait de bien soigner les personnes malades. Il ne faut pas oublier que bon nombre de ces créatures mythologiques naissent en fait dans l'iconographie légendaire comme références de valeurs éthiques et morales.

Quand la science s'en mêle

Imaginons un instant – ce qui n'est guère difficile – que les vampires n'existent pas. Laissons une porte ouverte pour certaines entités fantasmagoriques ou spirituelles qui pourraient très certainement trouver aussi une explication. Mais, en matière de morts-vivants, supposons qu'il n'y en a jamais eu, qu'en réalité les personnes qui se réveillaient dans leur cercueil avaient été enterrées vivantes. Posons l'hypothèse qui justifie le fait que certaines personnes pouvaient avoir les joues roses après leur mort, à cause de problèmes sanguins. Supposons également que le fait que ces corps soient parfaitement conservés au moment de l'ouverture de leur tombe ne venait pas de ce qu'elles étaient des non-morts, mais plutôt de ce qu'elles avaient connu un processus de momification naturelle grâce aux circonstances environnementales de leur enterrement. Conjecturons encore : posons que tout ce qui a trait au vampirisme peut être dû à une ou plusieurs maladies. Le monde des vampires aurait-il un sens ?

La science – non qu'elle cherche à démonter les mythes, mais simplement parce qu'elle cherche des explications – et la médecine tentent d'expliquer, depuis des siècles, ce qui existe réellement derrière le phénomène vampirique. Et il est vraiment intéressant, au-delà du romantisme, des rêves ou du désir de croire à l'existence de certaines créatures, de s'arrêter sur la façon dont le mythe a été démonté.

LE VAMPIRISME FACE À LA PESTE

Il y a eu des épidémies de vampires, du moins en théorie, mais une épidémie a bel et bien existé : celle de la peste. Cette maladie, dont nous savons aujourd'hui qu'elle est causée par les puces des rats, a longtemps été interprétée comme une malédiction, un châtiment de Dieu, une manifestation diabolique, et bien sûr comme une illustration, parmi d'autres, du phénomène vampirique. Il faut savoir qu'au XIVe siècle, lorsque la peste décima l'Europe, de nombreux malades furent enterrés sans que l'on vérifie qu'ils étaient bien morts. Il est facile d'imaginer que certaines de ces personnes se sont réveillées dans une tombe et ont lancé des cris déchirants dans la nuit. Ces cris, les paysans les entendaient et, sachant qu'ils venaient du cimetière, ils les associaient vite à des créatures diaboliques en plein processus de renaissance.

Mais ce n'est pas tout, car un cri est une chose très subjective : par la suite, lorsque les habitants des lieux allaient au cimetière et ouvraient les tombes, ils trouvaient des corps parfaitement conservés, ou des cadavres qui avaient gratté le couvercle de leur cercueil. Le mythe puisait là de nouvelles forces. La réalité était tout autre : le mort n'était pas un vampire, mais un malade de la peste qui avait été enterré vivant.

Oui, mais comment expliquer que les proches du vampire présumé se soient vus affectés par ses pouvoirs si celui-ci n'existait pas ? C'est simple : si les personnes montraient des visages livides, des cernes, une grande fatigue ou des problèmes respiratoires, ce n'est pas qu'elles étaient en train de se transformer en vampires mais tout simplement qu'elles souffraient de malnutrition, d'anémie ou d'une mauvaise qualité des globules rouges de leur sang, responsable notamment d'une mauvaise répartition de l'oxygène dans le corps, avec les conséquences évoquées plus haut.

Mais je comprends que le lecteur ne soit pas convaincu de ce que tout le phénomène vampirique soit dû à quelques anémies ou aux dizaines de personnes enterrées vivantes à cause de la peste. Il a en partie raison, car il y a un facteur encore plus déterminant : la porphyrie.

La vraie maladie des vampires

Curieusement, mis à part son aspect livide et maladif, un vampire a des problèmes avec la lumière du soleil, il semble changer de visage ; il présente des ulcérations censées être causées par des démons, et on le repousse grâce à l'ail… Lecteur, notez que vous allez trouver ici l'explication de tous ces phénomènes : la porphyrie érythropoïétique.

On appelle porphyries des maladies d'origine génétique – la contagion par morsure vampirique est donc exclue – qui produisent une altération enzymatique de l'hémoglobine, celle qui normalement donne sa couleur rouge caractéristique au sang.

Les enzymes sont par ailleurs chargées de conduire l'oxygène que nous respirons à travers nos poumons vers toutes les autres cellules de l'organisme, de sorte que si celles-ci fonctionnent mal, le reste du corps aussi. Curieusement, la personne atteinte de cette maladie – qui n'est pas une malédiction – peut présenter une très grande sensibilité au soleil : celui-ci agit sur ses yeux, mais aussi sur sa peau, ce qui explique la croyance selon laquelle un vampire tombe en poussière à la vue du soleil, et bien sûr le fait que ces êtres ne pouvaient sortir pour commettre leurs méfaits qu'à la nuit tombée.

Un autre des effets de la porphyrie est de rendre la peau plus fragile, et une simple griffure peut se transformer en une énorme plaie. Cela expliquerait que les supposés vampires présentaient parfois des irrégularités de la peau, comme s'ils étaient morts.

Rappelons que les vampires attirants appartiennent presque exclusivement au monde du cinéma, pas à la réalité : ces derniers pouvaient avoir des ampoules sur le visage et les membres. Ce qui est logique puisque la porphyrie engendre une extrême lenteur de la guérison de tout type de lésions, et provoque également plaies et pustules diverses en quantité.

Un des traits caractéristiques de la plupart des vampires était leur aspect maladif, livide comme la mort, le visage très marqué, durci. On attribuait cela à la présence en eux du démon, mais la réalité est que les malades atteints de porphyrie souffrent de la peau, avec des altérations de la coloration et une déformation de l'ovale du visage qui durcit les traits.

Mais continuons à démonter le mythe du vampire, car nous avons à peine commencé.

Rappelons que les temps étaient différents. Aujourd'hui nous disposons de plus grandes connaissances et la tendance à inventer des supercheries sur ce que nous ignorons a diminué ; les médicaments peuvent lutter contre presque toutes les maladies, l'hygiène est devenue une habitude, et la prévention est le maître mot. Il y a plusieurs siècles, un malade atteint de porphyrie devait souffrir terriblement : il ne pouvait être soigné et tout ce qui lui arrivait était attribué à un effet magique ou malveillant, comme la croissance rapide et anormale de ses cheveux, ou le fait que ses mictions étaient souvent rougeâtres. Ce fait ne pouvait qu'être interprété comme la conséquence d'une ingestion de sang. Si un vampire se nourrissait de sang, de quelle couleur pouvait bien être son urine ?

Pourquoi buvaient-ils du sang ?

Outre ce que nous disent les mythes à propos du sang, les vampires – des malades atteints de porphyrie – ne buvaient pas de sang, mais naturellement ils étaient très pâles, ils avaient l'air souffreteux et, comme nous l'avons dit plus haut, leur urine était rouge.

On pensait que le sang était la seule chose qui pouvait les garder en vie, mais la légende de l'ingestion de ce liquide vital est sûrement née de ce que ces malades, outre tous les désagréments déjà évoqués, avaient des problèmes buccaux : leurs gencives saignaient fréquemment et leurs dents présentaient souvent des taches d'un rouge tantôt foncé tantôt clair. Quand on les croisait, on pouvait croire que cela était dû à une récente ingestion de sang.

Jusqu'au XXe siècle, moment où les vampires commencent à disparaître – et même si on continue à parler d'eux, c'est surtout en tant que légende –, il n'y avait aucun traitement contre la porphyrie. Que faisaient les malades ? Ils buvaient du sang. Ils ne le faisaient pas parce que quelqu'un leur avait dit qu'ils étaient des vampires et qu'ils étaient possédés par un démon – même s'ils ont très probablement entendu de tels propos –, mais simplement parce que le sang les soulageait. On ne sait pas à quel moment un malade de porphyrie a découvert ce soulagement grâce au sang. Peut-être en goûta-t-il par pure superstition, ou convaincu d'être réellement un vampire. Quoi qu'il en soit, le contenu biochimique du sang apaisait ses douleurs, il n'y avait plus qu'un tout petit pas à franchir pour entrer dans la légende.

La folie du vampire malade

Si tout ce qui précède ne suffisait pas pour les personnes atteintes de porphyrie, il s'avère que la maladie engendrait également des altérations d'ordre mental. Cela, associé aux diverses superstitions, formait un cocktail terrible. Le malade pouvait donc également souffrir d'égarement et d'angoisse – ce qui pouvait être interprété comme des réactions au désir de boire du sang –, mais aussi avoir des hallucinations. Comment savoir ce que ces personnes ont pu voir et ce qu'elles ont pu raconter de leurs visions ?

Mais ce n'est pas tout : le malade atteint de porphyrie pouvait aussi présenter des troubles du sommeil. Le lien est tout trouvé : à quel moment une personne normalement constituée va-t-elle dormir ? La nuit bien sûr, mais pas si elle souffre d'insomnie. Dans ce cas, le malade pouvait se mettre à marcher de-ci, de-là, pris d'hyperactivité et d'agitation. Tout cela de nuit, comme les vampires.

Les vampires détestent la lumière

… Du moins si l'on en croit le mythe. Mais le malade atteint de porphyrie a des problèmes de photosensibilité, causés par les porphyrines dépourvues de métal qui peuvent se trouver sur sa peau. Lorsque cela se produit, l'organisme tente de se protéger, et le seul moyen dont il dispose est la pousse des poils. Rappelons que les vampires ont souvent été associés aux loups-garous, car certains d'entre eux souffraient d'hirsutisme, comme les malades de porphyrie. En conséquence de cette anomalie, les patients, c'est logique, préféraient les endroits ombragés et sombres aux lieux découverts et ensoleillés, et choisissaient la nuit plutôt que le jour (surtout s'ils souffraient aussi d'insomnie).

Les vampires ont des serres

Cela n'est pas une généralité, mais une grande partie des descriptions dote ces êtres d'un aspect étrange, et de serres en guise de

pieds ou de mains. Ce phénomène est lui aussi explicable : il repose une fois encore sur les porphyrines qui s'accumulent sur la peau et envoient un excès d'énergie à l'organisme ; celui-ci libère de l'oxygène réactif capable de détruire les tissus en les oxydant, tout particulièrement sur les doigts des pieds et des mains, le nez et les gencives. C'est littéralement comme une brûlure qui produit des malformations. Si nous ajoutons à cela le sang dans les gencives, et les cheveux et les poils abondants causés par l'hirsutisme, nous arrivons à une apparence totalement monstrueuse.

Il n'y a plus de vampires

Ou, plus exactement, il n'y a plus de malades présentant la forme propre aux vampires – qui n'en étaient pas –, car il existe aujourd'hui des traitements reposant sur des concentrations de globules rouges injectables. Associés aux filtres solaires à utiliser par le patient, ils permettent d'éviter tous les autres symptômes.

L'ail les paralysait-il réellement ?

Oui, l'ail les paralysait, mais pas pour les raisons que l'on pensait à première vue. L'organisme possède des catalyseurs organiques qui accélèrent ou retardent les réactions chimiques et qui reçoivent le nom d'enzymes.

L'une d'elles est le cytochrome P450, dont la mission consiste à éliminer de l'organisme les substances non solubles dans l'eau. Les analyses ont démontré que l'ail, son ingestion aussi bien que son odeur, a une propriété : il aggrave les symptômes d'une crise de porphyrie.

Cela expliquerait pourquoi un malade partait en courant à la simple vue d'une gousse d'ail, et ce qui se passait quand on lui en mettait de force dans la bouche : l'ail lui faisait mal, non pas du fait de sa condition supposée de vampire, mais parce qu'il souffrait d'un mal terrible que personne ne connaissait.

Attaque vampirique ou maladie ?

Imaginons un instant qu'une personne prétendant avoir été attaquée par un vampire soit quelqu'un de sérieux, non superstitieux et digne d'une certaine crédibilité. Cette personne nous dirait qu'elle a senti la présence d'un vampire parce qu'elle a eu mal au cœur, du mal à respirer, une grande soif et qu'elle a remarqué que quelque chose l'étranglait.

Ce sont là certains des symptômes produits par la maladie du charbon, engendrée par le *Bacillus anthracis*, capable de provoquer des épidémies et qui se transmet à l'être humain par le biais des animaux. Si nous ajoutons à cela qu'un patient souffrant de ce mal peut aussi avoir des hallucinations, nous avons à nouveau une explication rationnelle du phénomène.

BHUTA

■ **Localisation** : au sud-est de l'Inde.

■ **Apparence** : comme ce n'est pas un vampire ordinaire – car il se nourrit de cadavres et non de sang chaud –, tout ce qui concerne son apparence est assez vague. Il y a deux versions assez nettes de ce que pourrait être sa forme. La première affirme qu'il s'agit d'un vampire ombre, une espèce de fantôme qui ne peut se matérialiser physiquement que quelques instants avant de boire du sang, et sous la forme de n'importe quel animal. Pour l'autre version, quand il cesse d'être une ombre, le *bhuta* se matérialise en une chose ressemblant à un humain.

■ **Idiosyncrasie** : la tradition affirme qu'il vit dans les cimetières, ce qui est étrange s'agissant de l'Inde, où la crémation des cadavres est habituelle, mais on suppose également qu'il vit dans des lieux isolés et sombres. À la différence

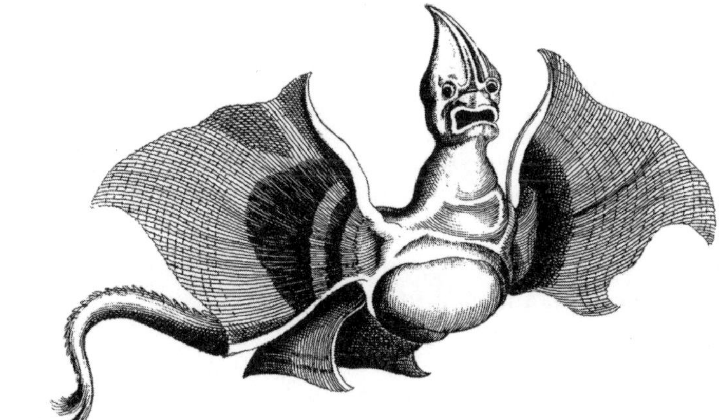

des vampires traditionnels, il se contente de boire le sang des morts, animaux ou humains, et complète son régime en dévorant les intestins.

■ **Contre-sort :** d'après la superstition, les *bhutas* sont des créatures qui naissent immédiatement après la mort violente d'une personne ayant mené une vie peu religieuse. À cet instant, juste avant de devenir un spectre vampirique, ils peuvent essayer de s'emparer du corps de l'une des personnes se trouvant près du défunt. La seule façon de les éloigner est de préparer un bain purifiant très parfumé, car le *bhuta* est repoussé par les odeurs agréables.

Pas des vampires, des assassins

Le mythe du vampire s'avère décidément très utile. Une preuve en est la façon dont des dizaines de personnes se sont enrichies grâce à lui en vendant des potions, en feignant des exorcismes fictifs, ou en touchant des sommes immorales pour les éliminer d'un lieu donné.

Mais, et sans que cela serve d'excuse aux précédents, nous devons bien admettre que certains autres ont fait bien pire encore : ils ont dissimulé leurs cruels instincts criminels sous un voile de mystère, affirmant même qu'ils étaient des vampires, ou du moins laissant croire à cette version, et profitant ainsi de la peur ancestrale que ces êtres inspirent. Tout cela dans un seul but : cacher leurs crimes. Pour démontrer au lecteur que Vlad Tepes ne fut pas le seul parmi une meute d'assassins en mal de sang, voici une sélection des pires cas connus.

L'ÉGORGEUR

À trente-six ans, en 1440, un des assassins les plus sadiques et sanguinaires de l'histoire de France meurt : Gilles de Rais. Il commit son premier meurtre à seize ans, au cours d'une messe noire : il s'approcha de sa victime, extirpa son cœur et ses yeux, et lui coupa les poignets pour recueillir son sang. Cela lui procura un tel plaisir qu'il n'eut de cesse de recommencer, en enlevant et en égorgeant des dizaines d'enfants qu'il torturait à mort.

L'histoire a retenu qu'il fut un héros militaire, qu'il a participé à la guerre de Cent Ans en luttant aux côtés de Jeanne d'Arc. Après s'être retiré du monde militaire, il a commencé à s'intéresser à des disciplines comme la magie, l'astrologie et les sciences occultes. Il s'est entouré d'un aréopage de sinistres personnages parmi lesquels on comptait des mages, des alchimistes et des nécromanciens. Il semblerait qu'il ait formé avec eux une société secrète dont l'objectif était la quête de l'éternité, qui ne pouvait s'obtenir que par le biais du sang et de la souffrance.

Le sadique Gilles suspendait ses victimes à un crochet pour entendre leurs supplications. Ensuite il les égorgeait et exposait leur tête devant les membres de l'ordre, en organisant de macabres concours de beauté. Puis il violait les cadavres et les dépeçait pour utiliser certains organes dans des rituels alchimiques. On estime qu'il a tué environ trois cents personnes. On disait de lui que c'était un vampire, mais en réalité ce n'était qu'un assassin fou. Gilles de Rais fut arrêté, jugé et exécuté en 1440.

L'EMPALEUR

Son nom faisait frémir. On disait de lui que c'était un démon, un vampire, un assassin, un gouvernant sans âme et un fou. N'importe laquelle de ces définitions pourrait lui convenir. Il s'appelait Vlad Draculea, ou Vlad Tepes, un noble roumain qui a en partie inspiré le mythe de Dracula et qui portait le surnom d'« empaleur ».

Considéré comme un héros national en Roumanie, ses faits de gloire ont consisté à lutter contre l'invasion ottomane de la

Valachie au XVe siècle. Son acharnement, ses méthodes expéditives et la chance dont il jouissait au cours des combats finirent par convaincre ses ennemis que c'était un noble ensorcelé doté de pouvoirs nécromanciens.

En 1462, les Turcs le baptisèrent le « Prince Empaleur » après avoir découvert quelque vingt mille soldats ottomans empalés. Ces troupes avaient échoué dans leur tentative d'envahir la Valachie. Vlad décida que le fait d'empaler les morts – certains furent empalés encore vivants – était la meilleure façon de faire savoir aux Turcs ce qui les attendait s'ils s'obstinaient à lutter contre lui.

La tradition et les chroniques qui parlent de cet homme sont truffées de contradictions, d'ombres et de noirceur, mais les plus connues sont les plus cruelles, comme celle qui affirme que Vlad aimait prendre son petit déjeuner à l'air libre, et non dans sa tente ou dans son château. Mais l'air ne devait pas être bien pur car Tepes prenait son repas entouré de cadavres, et contemplait des centaines de personnes empalées autour de lui.

Une chronique rapporte qu'en certaine occasion Vlad invita à un petit déjeuner quelques-uns de ses alliés nobles. Pendant le repas, ceux-ci ne purent réprimer le dégoût que leur inspirait ce qu'ils voyaient et plus encore ce qu'ils sentaient : des dizaines de corps empalés pourrissant en plein air. Un des convives se plaignit de ce que la puanteur était insupportable. Vlad, courtois à sa manière, s'empressa de le rassurer et lui dit qu'il respirerait très vite un air plus pur : il le fit empaler sur un pieu d'un mètre plus long que les autres pour qu'il ne soit pas gêné par l'odeur de pourriture des autres cadavres.

Ce n'est là qu'un infime échantillon de ses activités. Un autre de ses vassaux eut l'idée d'affirmer à Vlad qu'il donnerait sa vie pour lui. L'empaleur lui dit qu'il se contenterait de lui faire creuser une tombe. L'homme s'exécuta, de crainte de mettre Vlad en colère s'il ne le faisait pas. Lorsqu'il eut terminé son travail, Vlad se montra reconnaissant à l'égard de son sujet et lui dit : « Parfait, tu as maintenant ta propre tombe, tu n'as plus qu'à mourir pour moi. » Et sur ces mots il l'égorgea.

L'histoire de Vlad Tepes n'est que pure boucherie. Non seulement parce qu'il buvait le sang et dévorait certains de ses ennemis, mais aussi pour ses méthodes expéditives, à l'égard de ses alliés comme de ses ennemis : il cloua les mains sur la tête d'un homme qui n'avait pas voulu se découvrir devant lui. Il aimait aussi se détendre et s'amuser en torturant personnellement les prisonniers de ses geôles.

Mais outre la torture et le pal, Tepes aimait encore une activité : l'incinération. Il prenait plaisir à brûler vifs les malades et les pauvres ; car, d'après lui, les laisser vivre impliquait de les faire souffrir plus longtemps. Il disait mettre ainsi fin à leurs douleurs...

La vampiresse

Au XVIe siècle, une jeune comtesse, encore adolescente, découvre qu'en pinçant, insultant ou mordant ses servantes, elle soulage ses maux de tête... Jeune fille prometteuse... tant et si bien que, lorsqu'elle fut arrêtée, on trouva dans ses journaux intimes les traces du fait qu'elle avait torturé, mutilé et saigné, et par conséquent assassiné, plus de six cents femmes. Il s'agit de l'incomparable Erzsébet Báthory, plus connue comme la « comtesse sanglante ».

Erzsébet naquit en 1560 au sein d'une famille noble et aisée ; elle était la cousine du Premier ministre de Hongrie et nièce du roi de Pologne. Mais son ascendance ne servit à rien, encore moins au sein d'une famille dont on prétendait que les membres rendaient un culte à Satan.

À quinze ans, en 1575, Erzsébet épousa Ferenc Nádasdy, un des plus grands seigneurs de la région. Ils s'installèrent dans l'un des dix-sept châteaux qu'ils possédaient dans les Carpates. Une forteresse lugubre, nichée au sommet d'une montagne, qui devint le théâtre de la barbarie humaine la plus absolue. En ce lieu la jeune comtesse enfermait les donzelles et paysannes de la région, la plupart enlevées par ses sbires, d'abord pour avoir des relations sexuelles avec elles, ensuite pour les torturer, et petit à petit boire leur sang afin de suivre d'antiques rituels initiatiques.

Les années passèrent, et lorsqu'elle eut quarante ans la comtesse décida qu'elle devait commencer à se soucier de sa santé et de l'aspect de son visage. Se sentant vieillir, elle décréta que le sang, le fluide de vie, serait le meilleur moyen d'éviter ce vieillissement. Sans doute l'un des alchimistes ou ésotéristes de sa cour lui avait-il certifié que le sang d'une jeune vierge était le meilleur moyen d'annuler les effets du temps.

Un jour, démontrant une fois encore son caractère impossible, Erzsébet frappa une de ses servantes parce qu'elle lui avait tiré les cheveux en la coiffant. Le sang de la jeune fille effleura la main de la comtesse, et d'après ce qu'elle raconta dans ses journaux, elle sentit sa peau rajeunir et se tendre. Inspirée par cette découverte, elle fit installer la jeune fille dans une baignoire et lui fit couper les veines pour la saigner. Elle fit retirer le corps et prit son premier bain de sang, qui serait suivi de centaines d'autres.

À partir de là, elle commença une vertigineuse série de tortures pendant dix ans. Chaque semaine la comtesse faisait enlever entre cinq et huit vierges, qu'elle enfermait nues dans les cachots du château, et qu'elle obligeait parfois à manger la chair brûlée de leurs compagnes de supplice. La comtesse aimait les fouetter à mort, ou leur brûler les seins et les parties génitales avec des fers chauffés à blanc. Ensuite elle se les faisait préparer pour le bain : les jeunes filles étaient placées à l'étage au-dessus des appartements de la comtesse, elles étaient enchaînées et suspendues au plafond, leurs lèvres scellées pour les empêcher de crier. Alors elle leur faisait couper les veines et attendait qu'elles se vident doucement de leur sang. Le liquide vital tombait au sol et s'écoulait par un petit orifice directement sur le corps de la comtesse, qui attendait dans une baignoire. Lorsque tout son corps était enduit de sang, elle le laissait sécher, puis ordonnait à ses servantes de lui lécher la peau. Si celles-ci montraient leur dégoût, elle les faisait torturer, mais si elles obéissaient bien elle les récompensait au cours de ses orgies lesbiennes.

En 1610, suite à de nombreuses plaintes des habitants de la région, le roi Matthias envoya au château une troupe de soldats, menés par le cousin d'Erzsébet. En entrant, ceux-ci trouvèrent dans la grande salle une femme égorgée, une autre morte, tuée à force de coups de fouet et de brûlures, et une troisième, encore en vie, qui avait été sauvagement torturée. Ils trouvèrent plus de cinquante cadavres. À leur arrivée, la comtesse et ses sorciers se livraient à un rituel satanique.

La comtesse tenta de fuir mais fut arrêtée. Au cours de la fouille de son château, on trouva tout un arsenal d'instruments de torture, et des notes avec les noms de toutes les victimes : six cent dix femmes en dix ans.

De nos jours aussi

« Le problème n'est pas de savoir si ce sont ou non des vampires, c'est le mal qu'ils peuvent faire. Un préjudice qui peut toucher tout le monde, même le voisin d'en face. » Ainsi s'exprime John Darletti, enquêteur sur des crimes en série qui a rencontré des cas effroyables d'hommes et de femmes tout à fait normaux, qui se procuraient du sang par tous les moyens. Darletti a découvert différents groupes de nature ésotérique qui se livraient à des pratiques orgiaques au cours desquelles, à côté de pratiques sexuelles, les participants buvaient du sang frais, faisaient des sacrifices rituels et suçaient des veines sanglantes volées dans les salles de chirurgie des hôpitaux. Une paille.

Un des exemples les plus violents découverts par cet enquêteur est celui de « Kran le Vampire », comme il se faisait appeler. C'était un jeune de trente ans, dont l'aspect rappelait plus un fossoyeur qu'un conseiller en Bourse, son métier officiel. Il se procurait des victimes qu'il ne mordait pas. Il choisissait des femmes jeunes, les invitait à dîner et, après leur avoir administré un sédatif quelconque, il prenait directement leur sang dans leur cou à l'aide d'une seringue. Lorsqu'il fut arrêté en 1998, on a trouvé dans son réfrigérateur des dizaines de tubes en verre, soigneusement étiquetés avec le nom des victimes et la date d'extraction. Certains noms apparaissaient plusieurs fois. Pourquoi ce personnage avait-il besoin de sang ? Il s'en barbouillait le visage, s'en servant comme d'un produit de beauté, et il en buvait de petites gorgées avant son café du matin pour grandir en tant qu'être humain.

Un autre cas terrifiant est celui d'Igor Njerdeck, boulanger de trente-cinq ans. Il fut arrêté à Crachine en 2001, accusé de meurtre. Il avait tué deux femmes en les mordant au cou et en suçant leur sang. Il était un peu maladroit, car sept autres femmes purent lui échapper. Lorsque la police vint l'arrêter, il se défendit en mordant les agents. Il avait une dentition parfaite : grâce à un de ses amis, dentiste de son état, il s'était fait arracher les deux canines supérieures pour en implanter d'autres, plus acérées.

Des cas comme ceux que nous avons évoqués laissent pensif. On estime qu'il y a aujourd'hui plus de cent ordres ou sectes ésotériques de par le monde, composés de membres assoiffés de sang. Combien de gens voient dans le sang un liquide convoité ? Combien d'assassins, en série ou non, frémissent-ils de plaisir rien qu'en s'imaginant dégustant le sang de leurs victimes ? Et parmi tous ceux-ci, combien sont-ils des non-morts ? Heureusement que les vampires n'existent pas.

QUATRIÈME PARTIE

Les vampires entrent dans notre vie : art et mouvement gothique

Il est à présent clair qu'il n'y a pas de vampires parmi nous, du moins en théorie – à l'exception des personnes qui croient en être et de ceux qui existent réellement mais dont nous nous efforçons encore et toujours de nier l'existence. Le moment est venu de voir comment tous ces siècles d'influence des morts-vivants ont fructifié et joué sur le quotidien des mortels que nous sommes. Comme nous le constaterons, le vampirisme a pignon sur rue : du phénomène des tribus urbaines jusqu'à la littérature gothique en passant par le cinéma et l'art en général. Force est de constater que le vampire jouit d'une bonne santé !

Le vampire littéraire

À travers toute l'Europe, mais plus particulièrement encore à l'est, de la fin du XVIIe siècle jusqu'à la première moitié du XVIIIe, d'étranges histoires ont commencé à circuler à propos d'exhumations de cadavres devant des témoins d'exception : médecins et juristes confirmaient les découvertes de funérailles vampiriques, ce qui déchaîna un véritable engouement pour ces créatures et un intérêt partagé par des auteurs tels que Rousseau, Descartes, et même le bénédictin Benito Jerónimo Feijoo.

En Allemagne, Johann Christoph Harenberg, philosophe, théologien et historien, écrivit un traité en 1733, *Concepts rationnels et chrétiens sur les vampires*. En France, Augustin Calmet, moine bénédictin érudit et idéologue de l'Inquisition, rédigea un essai intitulé *Traité sur les apparitions des anges, des démons, des esprits et des revenants, et sur les vampires de Hongrie, Moravie, Silésie, etc.*

Des siècles plus tard en Angleterre, Montague Summers, prêtre, démonologue et érudit en occultisme, passionné par le monde de la sorcellerie, aborda le thème des vampires dans deux livres : *The Vampire. His Kith and Kin* (1928) et *The Vampire in Europe* (1929), dans lesquels il décrivait un périple vampiresque, historique et géographique qui allait de la Grèce antique jusqu'à l'époque moderne.

Le père du vampire tel que nous le connaissons aujourd'hui

L'apparition du vampire en tant qu'élément artistique est probablement née dans les ballades gothiques du XVIIIe siècle, mais ce n'est qu'au XIXe qu'il a pu passer au rang d'œuvre littéraire avec *Le Vampire* (1819) de l'écrivain et médecin anglais John William Polidori (1795-1821), qui, curieusement, fut le médecin personnel de l'un des piliers de la poésie gothique : le célèbre et non moins scandaleux Lord Byron.

Pour résumer et faire un peu d'historie, nous voyons que *Le Vampire*, relevant plus du romantisme que de la terreur, s'est forgé le 14 juin 1816 à la Villa Diodati, à Genève, à l'issue d'un pari. Polidori y séjournait avec Lord Byron, Mary Shelley et son époux, l'écrivain Percy Shelley. Cette nuit-là, la conversation tournait autour des spectres et de la littérature fantastique. Ils parièrent sur celui qui serait capable de créer – et bien sûr de publier – la meilleure œuvre de terreur.

Lord Byron avait déjà de l'expérience dans le genre puisqu'il avait écrit en 1813 *Le Giaour. Fragment d'un conte turc*, dans lequel il évoquait la tragique et à la fois romantique figure du vampire, condamné à boire le sang et à détruire la vie de ses proches aimés, leur transmettant ainsi son mal dans un cocktail réussi de terreur et de luxure vampiresque.

Mais revenons à notre été 1816. Lord Byron commence un récit intitulé *L'Enterrement*, dont le contenu est très proche de celui de la première partie du *Vampire*. Mais, pour des raisons diverses, il n'achève pas ce texte que Polidori récupère et intègre à sa nouvelle *Le Vampire*, qu'il publie en 1819 et dont le héros, Lord Ruthven, est inspiré de la vie décadente de Byron lui-même. Acide, brutal, controversé, cocaïnomane, sataniste présumé, cruel et méprisant dans ses rapports avec Polidori, *Le Vampire* est une recréation de Byron sous sa facette la plus

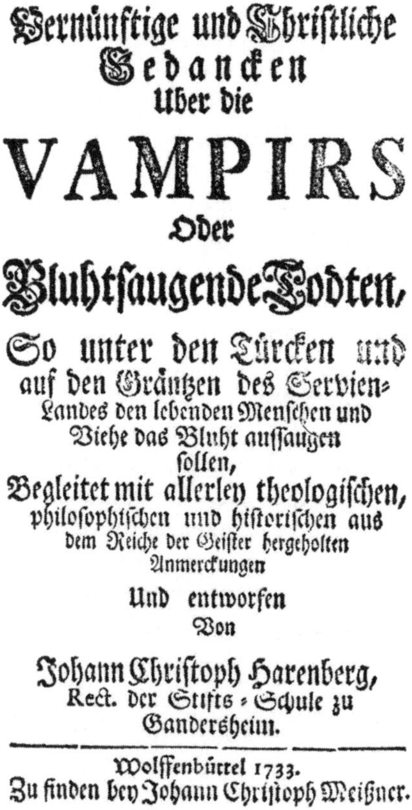

Vernünftige und Christliche
Gedancken
Uber die
VAMPIRS
Oder
Bluhtsaugende Todten,
So unter den Türcken und
auf den Gräntzen des Servien-
Landes den lebenden Menschen und
Viehe das Bluht aussaugen
sollen,
Begleitet mit allerley theologischen,
philosophischen und historischen aus
dem Reiche der Geister hergeholten
Anmerckungen
Und entworfen
Von
Johann Christoph Harenberg,
Rect. der Stifts-Schule zu
Gandersheim.

Wolffenbüttel 1733.
Zu finden bey Johann Christoph Meißner.

réaliste de vampire psychique à l'égard de son médecin et ami. Polidori laissa de côté l'image du vampire misérable, sordide et assoiffé de vengeance, pour en faire un séduisant aristocrate, Lord Ruthven, charmeur, au teint pâle et aux mœurs nocturnes, intelligent, puissant et habile, qualités qui l'exposaient peu à la suspicion.

Le vampire incarné par Lord Ruthven servirait de source d'inspiration à des auteurs comme Alexandre Dumas, pour *La Belle Vampire*, Tolstoï, dans *La Famille du Vourdalak*, Edgar Allan Poe, dans *Bérénice*, et même Bram Stoker pour son *Dracula*. Polidori érotisa le personnage, lui donna des pouvoirs surnaturels, l'installa dans des costumes et des décors de châteaux et de palais, et le coula dans un corps puissant et attirant, avec une aura romantique et morbide qui non seulement servirait de modèle littéraire mais en plus fournirait une inspiration à la plupart des cinéastes qui aborderont ce thème.

Pourtant, c'est Mary Shelley qui gagna le pari, car elle publia en 1918 *Frankenstein ou le Prométhée moderne*. Un an plus tard, le *New Monthy Magazine* publia *Le Vampire*, avec ce sous-titre : *Une histoire de Lord Byron*. La méprise était due au nom du héros, Lord Ruthven, et au fait que la relation de Polidori et de Byron – enfant terrible de la littérature de l'époque – était connue de tous, ce qui explique le glissement patronymique. Mais ce n'était peut-être pas une erreur anodine… ? Bien que Byron eût toujours affirmé qu'il en était l'auteur, la postérité a fini par rendre la paternité de l'œuvre à son véritable créateur, Polidori.

Des vampires qui entrent par les fenêtres

Varney le vampire, ou le Festin de sang est une histoire d'horreur gothique de l'époque victorienne, écrite par James Malcolm Rymer et Thomas Preskett Prest, publiée entre 1845 et 1847 sous forme de roman-feuilleton, en épisodes longs et peu onéreux – que l'on appelait la « terreur à un sou ». Ceux-ci furent rassemblés en 1847 en un énorme livre de 868 pages sur deux colonnes, s'étalant sur 220 chapitres.

Sir Francis Varney se transforme au fil des pages en un personnage avec lequel le lecteur fraternise, qui déteste sa condition de vampire et apparaît comme une pure victime des circonstances. Fait intéressant : Varney est le premier vampire littéraire à entrer par la fenêtre pour se nourrir d'une belle dame endormie.

De *Carmilla* à *Dracula*, de Bram Stoker

En 1872, Sheridan Le Fanu surprend tout le public avec un récit intitulé *Carmilla*, car il introduit dans le genre la figure de la vampiresse surnaturelle, sensuelle et déroutante. L'histoire est simple : Carmilla a un accident avec la calèche dans laquelle elle voyage, elle est accueillie dans un château à proximité, dans lequel Laura vit avec son père et quelques serviteurs. Une relation particulière s'installe entre les deux femmes, où érotisme, non dépourvu de charge sexuelle, ambiguïté et morbidité sont de mise.

Le style du vampire gothique commence à pointer et influencera des auteurs postérieurs, mais il ne prendra vraiment corps qu'avec l'arrivée de *Dracula*, de Bram Stoker, en 1897.

Bram Stoker et la lutte entre le bien et le mal

Le roman de vampires le plus mémorable est, sans aucun doute, *Dracula*, que l'écrivain irlandais Abraham ou Bram Stoker (1847-1912) écrivit en 1897 pour personnifier la sexualité refoulée de l'époque victorienne, avec la fascination de l'interdit qu'elle entraînait.

Il semblerait que l'histoire de *Dracula* puise dans les légendes qui circulaient en Europe orientale, mais elle s'inspire aussi du personnage réel qu'était Vlad III l'Empaleur, également connu comme Vlad Draculea, « Vlad le Fils du Diable/Dragon ». Stoker fut conseillé par l'orientaliste hongrois Hermann Bamberger, grand connaisseur de la vraie nature de Vlad Draculea. Mais nous ne pouvons tout de même pas oublier que le personnage est également inspiré de la « comtesse sanglante », la Hongroise Erzsébet Báthory (1560-1614) : comme on l'a vu plus haut, d'après la légende, en quête de la jeunesse éternelle, elle buvait du sang de jeunes filles dans lequel elle prenait également des bains.

Le Dracula *particulier de Stoker fait école*

Nous n'allons pas ici étaler le contenu de l'œuvre, mais au titre de curiosités nous présenterons quelques-unes des caractéristiques attribuées à Dracula : il ne se nourrit que de sang, et il transforme en vampires les personnes qu'il mord ; il a une force hors du commun ; il a besoin de dormir dans un cercueil, sur sa terre natale ; les insectes et les vermines lui obéissent, et il peut se transformer en une de ces bêtes ; il n'a pas de reflet dans un miroir ; il contrôle les phénomènes atmosphériques ; il perd ses facultés à la lumière du jour. Finalement, Stoker décrit également plusieurs façons de tenir les vampires à distance : crucifix, hosties consacrées, ail, eau bénite… mais la seule façon de les éliminer définitivement consiste à les décapiter ou à leur planter un pieu en plein cœur.

La fin d'un écrivain

Bram Stoker meurt à soixante-quatre ans de la syphilis. Dans un décor déprimant, baignant dans une puanteur épouvantable, l'homme, abandonné à sa fin douloureuse, regardait, les yeux exorbités, un coin de sa chambrette tout en murmurant sans arrêt le mot roumain *strigoï*, qu'on peut traduire par « esprit pervers ». C'est ainsi qu'il entendait son personnage auquel il avait travaillé jusqu'à l'obsession, le génial Dracula, un des vampires les plus humains, repris maintes et maintes fois dans le monde des arts.

Les *Chroniques* d'Anne Rice

Howard Allen O'Brien, Nord-Américaine née en 1941, est entrée en littérature sous le nom d'Anne Rice, mais elle avait également écrit – sans tambour ni trompette – sous les pseudonymes d'Anne Rampling et de A. N. Roquelaure.

Cette faiseuse de best-sellers américains, des livres gothiques et d'autres ouvrages à thématique religieuse, est essentiellement connue pour ses *Chroniques des vampires*, qui constituent l'une des révisions les plus remarquables du mythe du vampire depuis le mémorable *Dracula* de Bram Stoker.

Chroniques des vampires est un ensemble de nouvelles fantastiques dont le héros récurrent est Lestat de Lioncourt. La saga commence par *Entretien avec un vampire* (1976), que suivront *Lestat le vampire* (1985), *La Reine des damnés* (1988), *Le Voleur de corps* (1992), *Memnoch le démon* (1995), *Armand le vampire* (1998), *Merrick* (2000), *Le Sang et l'Or* (2001), *Le Domaine Blackwood* (2002) et *Cantique sanglant* (2003).

Rice nous présente dans ses livres des personnages dépourvus de la malignité des vampires d'antan. Elle entre de plain-pied dans une sorte de sous-culture gothique dans laquelle elle se centre, d'un point de vue thématique, sur les conditionnements humains, l'immortalité, l'existentialisme, l'amour, la perte, la sexualité et le pouvoir. Elle nous montre un vampire humanisé, qui souffre, a des sentiments de culpabilité et la conscience humaine de tout ce que signifie prendre la vie de quelqu'un. Un personnage dont le seul credo est lui-même, mais avec un vernis spirituel propre à cette philosophie qu'on a appelée la « nouvelle ère » ou New Age.

Claudia Gray : la saga *Evernight*

Amy Vincent, née en 1970, écrivaine américaine qui signe ses œuvres du nom de Claudia Gray, a connu la célébrité grâce à la saga *Evernight*. Il s'agit d'une collection de livres essentiellement destinés à un public jeune, aux airs de thriller romantique : *Evernight* (2008), *Stargazer* (2009), *Hourglass* (2010) et prochainement *Afterlife* (2011). Les deux premiers racontent les événements qui se déroulent dans un pensionnat un peu spécial, agrémentés d'une dangereuse histoire d'amour, de vampires, de chasseurs de vampires, de bandes rivales et de nombreux secrets obscurs…

Clara Tahoces : *Gothika*

L'avenir dira si la littérature espagnole a vu naître une nouvelle saga vampiresque sous la plume de la journaliste Clara Tahoces, auteure de *Gothika*, publié en 2007 en Espagne et couronné dans son pays par le prestigieux prix de science-fiction et de fantaisie Minotauro.

Tahoces nous plonge dans une histoire de vampires dans laquelle se mêlent des faits atemporels et la démythification de thèmes vampiriques récurrents et devenus obsolètes. Mais le travail de cette auteure donne une nouvelle tournure au sujet, car elle pose qu'un mort-vivant peut aussi abriter la vie.

Le récit se développe en suivant deux trames et l'histoire va du XVIIIe siècle à nos jours, donnant un thriller au cœur de l'ambiance gothique madrilène.

Les vampires aiment le cinéma

Il existe des centaines de films de vampires ; il serait impossible de tous les citer. Aujourd'hui, on pourrait penser – grâce au récent succès remporté – qu'avant la saga *Twilight* (voir Annexes) il n'y avait rien, mais le cinéma de vampires est fécond et appartient à l'art vampirique. Il constitue une culture en soi, et de fait il possède ses valeurs, ses archétypes et ses singularités, parfois aussi étranges que les histoires de morts-vivants mêmes. Voici quelques-uns des films les plus significatifs du genre, et certains qui, d'après les vampirologues, devraient faire partie de notre cinématographie indispensable.

NOSFERATU LE VAMPIRE : LE PLUS MONSTRUEUX

Allemagne, 1922. *Réalisation* : F. W. Murnau. *Scénario* : Henrik Galeen, d'après le roman de Bram Stoker. *Acteur* : Max Schreck.

C'est peut-être la première adaptation à l'écran du mythe vampirique, basée sur le roman de Bram Stoker. Pourquoi n'a-t-il pas gardé le titre du livre ? Pour ne pas avoir à payer de droits d'auteur, mais les similitudes entre le film et le contenu du roman étaient si flagrantes que la veuve de Stoker lui fit un procès, qu'elle gagna. Quelques copies échappèrent à la destruction, grâce auxquelles on a pu remonter le *Nosferatu* que l'on connaît aujourd'hui.

Un argument familier

Je ne révélerai que la trame de la première partie, qui raconte l'histoire d'un employé dans l'immobilier, jeune marié heureux. Un jour, son entreprise, située à Wismar, en Allemagne, reçoit une lettre énigmatique du comte Orlok, qui manifeste son désir d'acquérir une propriété à Wismar. À la perspective d'une bonne affaire, le directeur de l'agence envoie son employé dans les Carpates pour conclure le dossier avec le comte. Hutter, l'employé, laissera son épouse chez un ami avant de partir en voyage. C'est du pur Stoker…

Une œuvre culte

Dans ce film muet, à l'atmosphère sinistre et inquiétante, on voit se profiler un vampire inhumain, le comte Orlok. Grand, dégingandé, d'un grand âge, chauve, doté de dents et d'oreilles pointues, il aurait besoin d'une manucure et a des traits de rongeur avec ses yeux globuleux. Cet être sème la mort sur son passage et il enverra sur Wismar une invasion de rats qui causeront la mort de bien des habitants, victimes de la peste.

Les caractéristiques physiques de Nosferatu et sa personnalité cruelle lui ont valu une place de choix dans le cabinet des horreurs du film d'épouvante, mais son image – ou plutôt son ombre aux aguets tandis que lui monte lentement les marches d'un escalier – est l'une des plus réussies du cinéma muet, et une des plus significatives de son genre.

L'Ombre du vampire, film américain tourné en 2000 et dirigé par Elias Merhige, était basé sur le tournage de *Nosferatu le vampire* ; il mêle fiction et réalité. L'idée géniale était de partir du fait que l'acteur qui interprétait Nosferatu, Max Schreck, était un vampire réel qui vivait, mangeait et dormait en tant que tel. Ce film a obtenu deux nominations aux oscars pour le meilleur acteur secondaire (Willem Dafoe) et le meilleur maquillage.

Anecdote

Il semblerait que Murnau n'ait jamais fait de déclarations ni accordé aucune interview à propos de sa « créature ». Comme si cela ne le concernait pas…

DRACULA : L'ÉTERNEL GALANT, BÉLA LUGOSI

États-Unis, 1931. *Réalisation* : Tod Browning. *Scénario* : Garte Fort, d'après le roman de Bram Stoker. *Acteur* : Béla Lugosi.

Ce fut le premier *Dracula* sonore, soutenu par la compagnie Universal Studios. Le film reposait sur une version théâtrale du roman de Bram Stoker.

Le *Dracula* de Browning inaugure toute une série de stéréotypes avec lesquels Béla Lugosi, une icône de la « draculisation », jouera efficacement et avec plaisir : élégant, séduisant, aristocratique, impeccablement vêtu de noir et de blanc, le tout complété par une cape virevoltant au vent et des yeux hypnotiques avec lesquels il liquéfiait littéralement ses victimes. Mais, pour Béla Lugosi, le fait d'interpréter le personnage de Dracula l'enferma dans la catégorie. Certes, il devint célèbre à l'échelle mondiale, mais jamais il ne put sortir de ce type de rôle.

Quant à la trame, il y a peu à en dire : un vampire transylvanien tombe amoureux d'une jeune femme dont le fiancé devra se débrouiller et intervenir sur cet amour, dont j'oserai dire qu'il est réciproque. Par ailleurs la recréation du château de Transylvanie est, aujourd'hui encore, exquisément impressionnante.

Anecdote

Sur la fin de sa vie, Béla Lugosi a fini par croire en son propre personnage, et sur ordre exprès de son testament il a été mis en bière dans son costume caractéristique de comte, pour être ensuite incinéré, comme le recommandaient les règles de destruction des vampires, au cimetière Holy Cross de Culver City, en Californie.

DRACULA : ÉROTISME ET SANG CRÈVENT L'ÉCRAN

Royaume-Uni, 1958. *Réalisation* : Terence Fisher. *Scénario* : Jimmy Sangster, d'après le roman de Bram Stoker. *Acteur* : Christopher Lee.

C'est le troisième des sept films dans lesquels l'immortel Christopher Lee, plus sobre et fidèle au personnage que Lugosi, a introduit un élément qui connaîtra un grand succès : chacune de ses morsures déborde de sensualité, celles-ci deviennent dès lors des plaisirs tentants et, très important, le film a été tourné en couleurs, et excellemment éclairé, ce qui donnait au sang – et à l'ambiance gothique – le rôle de tout premier qu'il méritait.

Anecdote

Christopher Lee figure dans le livre *Guinness des records* comme l'acteur qui a interprété le comte Dracula le plus grand nombre de fois.

Dracula, prince des ténèbres : le comte reste muet

Royaume-Uni, 1965. Mêmes réalisateur et acteur que le film précédent.

Le film commence là où le précédent se terminait. Terence Fisher, le réalisateur, joue encore sur les composantes érotiques plus ou moins sanguinolentes et introduit quelques effets – notamment la résurrection de Dracula dans la première partie – et des facteurs religieux – l'empalement d'une jeune femme par des moines – qui, évidemment, alimentent le voyeurisme morbide du spectateur. Tourné avec élégance et sobriété, le film met en scène un chasseur de vampires froid et mesuré, et un comte élégant, jouant à merveille de sa cape, qui n'ouvre la bouche que pour planter ses canines dans un cou.

Touche finale : on remarque une scène très fidèle au roman de Stoker dans laquelle Christopher Lee déboutonne sa chemise et s'inflige lui-même une blessure à la poitrine puis invite la jeune fille qu'il cherche à séduire à savourer le précieux liquide.

Anecdote

Christopher Lee ne prononce pas un seul mot tout au long du film. Les mauvaises langues disent que ses dialogues étaient tellement indigents qu'il aurait refusé de les prononcer.

Le Bal des vampires : le mélange humour-terreur fonctionne

Coproduction Royaume-Uni - États-Unis, 1967. *Réalisateur* : Roman Polanski. *Scénario* : Gérard Brach et Roman Polanski.

Acteurs principaux : Alfie Bass, Ferdy Mayne, Roman Polanski, Sharon Tate, Jack MacGowran.

Il s'agit d'un film de vampires différent : une folle parodie qui rend hommage au cinéma de vampires, esthétiquement impeccable, perfectionniste, avec des gags fantastiques dans un certain type de comédie qui troquait la moquerie pour l'esprit.

La trame, dans ses grandes lignes, est simple : un vieux professeur et son assistant perplexe se rendent dans les Carpates pour enquêter sur une série d'étranges faits divers : là-bas, ils logent dans une auberge mais ils découvrent que la fille de l'aubergiste a été enlevée. Après plusieurs recherches, ils découvrent que le responsable est le comte von Krolock et décident de lui rendre visite pour essayer de sauver la jeune fille.

Anecdote

C'était le premier long métrage que Polanski tournait en couleurs. L'actrice Sharon Tate, qui deviendrait plus tard son épouse, lui avait été imposée par la production. Un an plus tard, en 1968, il l'épouse. Alors qu'elle était enceinte de huit mois, elle a été assassinée par des adeptes de la secte satanique de Charles Manson, qu'on connaissait comme « La Famille ».

Dracula, de Bram Stoker : le jeune au pardessus gris qui a traversé le monde par amour

États-Unis, 1992. *Réalisateur* : Francis Ford Coppola. *Scénario* : James V. Hart, d'après le roman de Bram Stoker. *Acteurs* : Gary Oldman, Anthony Hopkins (Van Helsing), Winona Ryder (Mina, bien-aimée du comte) et Tom Waits (l'acolyte fou du vampire).

Ce classique incontournable reste fidèle à la ligne marquée par Stoker et, bien que Coppola se soit permis quelques licences, c'est, jusqu'à présent, la meilleure adaptation. Le romantisme du héros – capable de traverser le monde par amour – et son goût pour le polymorphisme l'éloignent quelque peu du traitement posé par le roman.

Dracula, de Bram Stoker, nous plonge dans l'histoire et nous ramène vers le Transylvain Vlad III tentant de défendre son château contre les troupes ottomanes. Ainsi commence le chemin qui mène du Dracula humain au Dracula non-mort, un monstrueux vieillard que l'amour transforme en mystérieux séducteur, éperdument épris d'une femme dont il pense qu'elle est l'incarnation de son épouse et avec laquelle il entretient une liaison pas tout à fait platonique.

Le *Dracula* de Coppola brise le stéréotype : il ne s'habille pratiquement jamais en noir, il n'a pas les cheveux gominés : son esthétique le rapproche plus d'une espèce de vampire-gargouille, respirant la sensualité, la férocité et l'amour.

Avec ce film, Coppola signe une œuvre culte, soignée dans les moindres détails, qui pousse le spectateur à prendre du plaisir, puis à réfléchir quand les lumières se rallument dans la salle. Ambiance, distribution et effets spéciaux grandioses lui vaudront trois oscars : meilleurs costumes, meilleur maquillage et meilleur montage sonore. Le film était également nominé pour la statuette de la meilleure direction artistique.

Anecdote

Bien avant de commencer à tourner, Coppola a rassemblé les acteurs chez lui, afin qu'ils se connaissent mieux, et pour qu'ils lisent ensemble le roman de Stoker ; son intention était de recueillir les idées et suggestions que les acteurs pourraient amener après la lecture. Ce qui à première vue devait être un film à contenu philosophique – c'est du moins ce qu'indiquait le schéma originel de la trame – est devenu celui que l'on connaît aujourd'hui. Inutile de dire que le scénario a dû être considérablement modifié.

Entretien avec un vampire : « Bois mon sang et tu vivras éternellement »

États-Unis, 1994. *Réalisation* : Neil Jordan. *Scénario* : Anne Rice, à partir de son propre roman. *Acteurs* : Brad Pitt, Tom Cruise, Christian Slater, Antonio Banderas, Stephen Rea, Domiziana Giordano, Thandie Newton, Indra Ové, Laure Marsac, Bellina Logan, Kirsten Dunst.

Le film, d'un romantisme tragique, creuse les mythes vampiriques de façon vraiment didactique pour faire une sorte de radiographie émotionnelle et physique d'un vampire. Il nous révèle un certain nombre de choses sur ce qu'ils professent, ce qui les touche, ce en quoi ils croient, sur leur mode de vie, par le passé comme aujourd'hui. Il détaille également la façon dont ils entrent en contact, quels sont les conflits éthiques qui les acculent ou ce qu'ils ressentent en assassinant des humains. Bien sûr, il parle également de ce qu'ils ressentent lorsqu'ils sont condamnés, par caprice voire contre la volonté de la victime, à l'immortalité…

La trame du film n'est pas facile à résumer en quelques lignes, mais à grands traits elle nous parle du jeune et éternel vampire Lestat et du tourmenté Louis de Pointe qui, à la fin du XVIIIe siècle, croise sa route et est condamné à vivre pour l'éternité. Deux siècles plus tard, un journaliste recueille le récit de Louis et son désespoir d'être immortel. Enfin, à tous ceux qui auraient lu le livre sans voir le film, je peux assurer que l'adaptation cinématographique ne trahit aucunement l'original.

Anecdote

Tom Cruise (1,70 mètre) a demandé qu'il soit fait en sorte que Brad Pitt (1,80 mètre) et lui semblent avoir la même taille dans les scènes où ils apparaissaient ensemble ; Tom a donc dû jouer juché sur une espèce de caisse ou plate-forme spéciale les scènes qu'il partageait avec d'autres vampires.

Le mouvement gothique : vampires du XXIe siècle

Les adeptes et amateurs de l'archétype vampirique ont fait du culte pour ces créatures et leur esthétique une forme d'identification. On pourrait dire que les non-morts n'ont jamais joui d'une meilleure santé qu'à travers le mouvement gothique.

La journaliste d'investigation Olga Roig affirme que le fait d'être gothique est une façon de séduire les siens et de faire peur aux étrangers. Rien de plus vrai, mais être gothique aujourd'hui, qu'est-ce que c'est ?

Jouer au vampire

Les jeux de rôles sont nés aux États-Unis dans les années 1970 et ont eu une grande influence sur la culture gothique ; à tel point que de nombre d'entre eux s'inspirent précisément de cette dernière.

Le jeu de rôles consiste à rassembler un groupe de participants autour d'une histoire développée par un meneur de jeu : il plante un décor dans lequel se déroule une série d'aventures. La clé, c'est que pour pouvoir jouer, chaque participant doit assumer le rôle d'un personnage. Cela revient à créer un alter ego, une

nouvelle personnalité qui, théoriquement, vit dans un monde imaginaire. C'est tout du moins la théorie.

Un des premiers jeux de rôles de vampires – voire le plus important de tous – a été créé à la fin du siècle dernier par Mark Rein Hagen. Il a baptisé son aventure du nom de *Vampire : la mascarade*, et s'inspirait des *Chroniques des vampires* d'Anne Rice. Après plusieurs prix, le succès fut tel qu'il élargit la gamme à de nouveaux jeux fondés sur d'autres êtres surnaturels comme *Loup-garou : l'apocalypse*, et *Mage* : *l'ascension.*

Le monde des ténèbres

L'univers ténébreux et sombre du jeu *Vampire : la mascarade* développe les aventures d'un groupe de vampires dans un monde moderne et néogothique qui, entre autres missions, a l'objectif de s'organiser secrètement pour cacher ses activités aux hommes. Le jeu s'appuie sur tous les ingrédients attirants, pour un public pas nécessairement jeune. On y trouve des sociétés secrètes de vampires organisées autour de hiérarchies étranges qui ne respectent que leurs propres lois, principes et codes de conduite, en fonction du type de vampires.

Cette variété argumentaire et le milieu dans lequel se déroule l'action ont permis au jeu de connaître un grand succès dans le monde entier. Mais il ne faut pas imaginer les joueurs assis autour de la table de la salle à manger par un après-midi gris d'hiver. Les participants aux parties de *Vampire : la mascarade*

s'habillaient à la mode gothique, se maquillaient dans le plus pur style vampire, et, en définitive, ils transposaient, dans certaines limites, le jeu dans le monde réel.

FAÇONNER UN NOUVEAU MONDE

Le succès public, le modèle de jeu, l'interactivité et la possibilité de créer un nouvel univers à l'intérieur de la réalité ont permis au mouvement gothique de grandir avec de plus en plus de force, et par conséquent de devenir de plus en plus important, tout en entraînant un plus grand nombre de besoins. Ses membres exigeaient un design exclusif, des vêtements, des lieux pour se réunir et toutes sortes de gadgets (des anneaux et des bagues jusqu'aux fausses canines) pour renforcer l'image et l'aspect qu'ils souhaitaient avoir.

La deuxième étape importante pour ces nouveaux vampires du XXIe siècle a été de les réunir : des clans et des sectes se sont créés, organisés sur le modèle de celles du jeu, et petit à petit s'est formée ce que l'on appelle aujourd'hui la *voie du vampirisme vivant*.

Dans les rendez-vous habituels, certains membres se bornent à adopter une esthétique vampirique : ils arborent des vêtements noirs aux allures gothiques, ils font pâlir leurs visages, mettent de fausses canines ou se font tatouer des symboles sur le corps. En revanche, d'autres prétendent être de vrais vampires, ils croient avoir des pouvoirs spéciaux, comme la vision à distance, la clairaudience, la clairvoyance, etc. Bien sûr, parmi ceux-ci, certains, plus extrémistes, détestent la lumière solaire, dorment dans des cercueils et n'ont pas de problèmes pour boire du sang… humain ? Il doit y en avoir, et c'est là que réside le danger.

En 1996 à Murray, Kentucky, plusieurs jeunes, tous mineurs, ont participé au sanglant assassinat des parents de l'un d'entre eux. En partant du jeu, ils avaient créé un groupe, un clan vampirique au sein duquel, petit à petit, après plusieurs rituels et cérémonies initiatiques qui allaient de pratiques sexuelles jusqu'à la mutilation d'animaux, ils avaient progressivement forgé leur identité. Ils étaient finalement arrivés à la conviction qu'ils devaient assassiner deux innocents pour pouvoir adopter leur nature de vampires définitivement.

La graine du gothique

Bien que le mouvement gothique moderne découle en partie de jeu de rôles évoqué plus haut, et même si l'on peut dire qu'il s'annonce timidement dans les années 1980 au moment du déclin du mouvement punk, la réalité est qu'il faut en chercher l'origine bien plus loin en arrière dans le temps.

Pour trouver le point de départ du mouvement gothique qui revendique aujourd'hui l'esthétique funèbre, la mélancolie et la tristesse face au reste de la société, nous devons voyager dans le temps pour remonter jusqu'aux Goths, une tribu de l'est de l'Allemagne qui joua un rôle important dans la chute de l'Empire romain.

Le mot *goth* était synonyme de force, sauvagerie, paganisme, brutalité, obscurantisme et barbarie. Pour les habitants de l'empire, les Goths étaient les étrangers venus du nord, les sauvages qui s'opposaient à une société extrêmement ordonnée comme l'était celle de Rome.

Il a fallu beaucoup de temps pour que le mot « goth », et par extension tout ce qui relevait du gothique, soit vu avec des yeux bienveillants. Même pendant la Renaissance, les constructions médiévales et gothiques reçurent cette appellation parce qu'elles étaient considérées comme peu élégantes, très grossières et éloignées des lignes de l'architecture classique.

Un mouvement évolutif

Petit à petit, avec l'arrivée des lumières, les concepts ont repris leur place et la société a commencé à voir dans le gothique une forme d'expression intéressante. Tant et si bien que, à la fin du XVIIIe siècle, une espèce de nostalgie pour les temps passés et le monde médiéval produisit une timide résurgence du Moyen Âge en Grande-Bretagne. Le roman gothique vit le jour, un genre littéraire sombre, romantique et funèbre, à l'expression chargée qui prétendait apporter un regard nouveau sur les formes anciennes. Il s'agissait de raconter le Moyen Âge en s'appuyant sur les connaissances de l'époque contemporaine.

Ces auteurs et leurs adeptes furent nommés *gothiques*, et parmi eux figuraient des écrivains de l'importance d'un Lord Byron, un des principaux représentants du genre, ou d'un William Blake et d'un Percy Shelley, remarquables auteurs de la mouvance romantique.

Il faut signaler que le roman gothique a en partie lancé ce que le film de terreur montrerait plus tard, avec ses sombres châteaux lugubres, ses mystérieuses forêts enchantées ou maudites, ses cimetières et temples médiévaux, etc. Tout cela était en train de façonner, sans le vouloir ni même le savoir, ce qui deviendrait le mythe de Dracula, qui s'incarnerait au XXe siècle dans d'autres personnages tels que Béla Lugosi, le mystérieux premier comte Dracula du cinéma : un être aussi dangereux qu'élégant, proche et à la fois mystérieux… Mais aujourd'hui le mouvement gothique est bien plus que cela.

Les premiers gothiques des années 1980 ont repris certains éléments de la culture punk, comme la rébellion contre l'ordre établi, ou la contestation, et ils ont progressivement forgé leur propre style musical, au point de créer un rock gothique et un style de musique avec sa propre idiosyncrasie moderne, liée à une mode et une esthétique originales.

Si les Beatles se retrouvaient dans le club *The Cavern*, les gothiques ont installé, en juillet 1982, leur propre quartier général dans le *Batcave*, un local ouvert au public au 69 Dean Street à Londres. Au début, on pensait qu'il ne concernerait qu'une poignée d'amateurs, une espèce de club social pour des personnes partageant les mêmes préoccupations. Cependant, les plus pessimistes se sont trompés car la culture et la musique gothiques trouvèrent là un magnifique point d'expansion. De fait, c'est là que se sont montés de remarquables groupes de musique gothique et que s'est forgée toute une série de concepts qui « règnent » aujourd'hui sur le genre sombre et gothique.

On disait que le *Batcave* ressemblait à de grandes funérailles permanentes et cela était en partie vrai : les visages émaciés, les vêtements gothiques et l'esthétique romantico-vampirique planaient sur des lieux qui auraient rappelé l'enfer à une personne du Moyen Âge, ou du moins un repaire de vampires dans les règles de l'art. On pourrait dire que le *Batcave* (ou « cave de la chauve-souris ») a rétrospectivement nourri le gothique. En matière de spectacles, le club a vu défiler des troupes comme le Bauhaus, Sisters of Mercy, Specimen, Alien Sex Friends, et beaucoup d'autres groupes qui font aujourd'hui référence indiscutable pour les amateurs de ce genre musical.

Mais, grâce aux gothiques, non seulement il existe une musique de vampires, mais également un nouveau type de femmes. Les jeunes filles gothiques ont réinventé le mythe de la femme fatale en le dotant d'un pouvoir suggestif, à mi-chemin entre le sinistre et l'érotique. Elles étaient les véritables vampiresses du mouvement. Elles se sont inspirées d'archétypes, comme l'actrice du cinéma muet Theda Bara, créatrice du rôle de la femme pâle, funèbre et séductrice. Mais plus récemment ces nouvelles femmes-vampires ont adopté comme valeurs de référence les personnages décrits dans la saga *Chroniques des vampires* d'Anne

Rice, et dans l'adaptation cinématographique qui en a été faite, *Entretien avec un vampire*.

Si à tout ce qui précède nous ajoutons que les gothiques ont aussi créé de nouvelles expressions artistiques et qu'au cours du développement du mouvement néogothique ils ont pris pour références des concepts esthétiques et des valeurs chez des auteurs comme Poe, Bram Stoker, Mary Shelley, Kafka, H. P. Lovecraft, Baudelaire, Byron, Shelley et Nietzsche, nous voyons clairement que leur domaine est un univers parfaitement sombre, sinistre et mystérieux, tout autant que suggestif et attirant. Et qu'aujourd'hui, j'insiste sur ce point, il pèse des millions de dollars et d'euros dans le monde entier.

Annexes

Le phénomène *Twilight*

En 2010, les vampires sont partout, même sur Internet, le moyen de communication qui, selon les experts, a permis à une œuvre littéraire de qualité portée au cinéma de devenir un phénomène de masse. Il est vrai que le livre de Stephenie Meyer a dépassé les espérances et battu tous les records. C'est aujourd'hui la référence par excellence en matière de vampires : si le XXe siècle a eu Dracula, le XXIe compte la saga *Twilight*.

Je pense que ce serait rendre un bien mauvais service au vampirisme artistique et culturel et à ses adeptes que de passer sous silence ce phénomène si marquant. C'est pourquoi, tant pour les personnes ayant lu le livre sans voir son adaptation que pour celles qui ont vu le film sans avoir lu la source, mais aussi pour celles qui n'auraient vu ou lu ni l'une ni l'autre, voici un guide sommaire de la saga *Twilight* : un parcours à travers l'essentiel de l'œuvre.

SYNOPSIS DE *TWILIGHT* : *FASCINATION*

Isabella Swan est une jeune fille de dix-sept ans qui s'installe à Forks avec son père, Charlie, chef de la police.

Dès son premier jour au lycée, son attention est attirée par cinq adolescents qui se tiennent un peu en retrait des autres élèves, surtout le plus jeune d'entre eux, Edward. Elle apprend qu'ils ont tous été adoptés par un couple, les Cullen. Pendant le cours de biologie, Edward s'installe à côté d'elle et a un comportement étrange à son égard. Sur le parking, la jeune fille est sur le point d'avoir un accident lorsque Edward la sauve. Quand elle lui demande des explications sur ce qui s'est passé, il esquive et lui dit qu'ils ne devraient pas être amis.

Au cours d'une sortie à la plage de La Plush, Isabella fait la connaissance de Jacob, le fils de Billy, un ami de son père de la réserve Quileute. Les Cullen ne sont pas les bienvenus là-bas, et Bella veut savoir pourquoi. Jacob lui raconte une légende sur son clan qui concerne les Quileutes et les Cullen, qu'il appelle les « sangs-froids ». À son retour, la jeune fille commence à chercher des informations à propos des vampires sur Internet.

Elle se rend avec des amies à Port Angeles où elle est agressée par un groupe de jeunes, mais Edward vient à nouveau à son secours. Plus tard, elle lui avoue qu'elle sait qui il est réellement, et ils commencent à se déclarer leurs sentiments réciproques. Un jour ils partent faire une excursion ensemble lors de laquelle Edward lui raconte son passé et celui de sa famille. Cette nuit-là ils dorment ensemble, et le lendemain matin le jeune homme lui présente sa famille. Dans une vision, sa sœur Alice apprend qu'ils vont bientôt recevoir la visite d'êtres semblables à eux. Bella veut connaître la vie de Carlisle, le père, et Edward lui raconte son histoire. La famille décide d'inviter la jeune fille à jouer à un match de base-ball, mais au cours de la partie une visite inattendue arrive : Laurent, James et Victoria, des vampires nomades. Bella court un grave danger car James veut la tuer. Les Cullen décident de lui faire quitter la ville le temps qu'ils capturent James. Mais ce dernier prépare à son tour un piège à Isabella : il lui annonce qu'il a pris sa mère en otage – ce qui est faux – et l'oblige à se rendre seule à la salle de danse qu'elle fréquentait lorsqu'elle était petite.

James mord Bella à la main, mais Edward fait irruption à cet instant. James meurt et le jeune vampire retire le poison de la blessure de son amie. À l'hôpital, il essaie de convaincre sa bien-aimée d'aller vivre en Floride avec sa mère pour l'éloigner du danger, mais elle ne veut plus jamais se séparer de lui.

De retour à Forks, au bal de fin d'année, Jacob veut parler avec Bella de la part de son père Billy ; celui-ci veut qu'elle rompe sa relation avec le vampire, et il la prévient qu'elle est étroitement surveillée ; une fois sa mission accomplie, Jacob quitte le bal, laissant le couple sur la piste.

Bella ne comprend pas pourquoi Edward lui a sauvé la vie, car elle pourrait à présent être comme lui, mais il ne veut pas en parler. Le sujet de la transformation de Bella est clos, mais aucun des deux ne s'avouera vaincu…

SYNOPSIS DE *TWILIGHT : TENTATION*

Bella grandit – alors qu'Edward reste insensible aux effets du temps. Pour ses dix-huit ans, Alice et la famille Cullen lui organisent une fête. Lorsque Bella commence à ouvrir ses cadeaux, elle se coupe avec un papier et déclenche la soif de Jasper Cullen…

Le lendemain, devant l'attitude distante d'Edward, Bella craint le pire. Il lui explique que sa famille doit partir, qu'il va disparaître comme s'il n'avait jamais existé, mais à condition qu'elle ne mette pas sa vie en danger.

Bella plonge dans une profonde dépression. Les mois passent, et elle tente de refaire sa vie. Un jour, elle trouve deux motos abandonnées et décide de les apporter à Jacob pour qu'il les répare et lui apprenne à les conduire. Peu à peu, une amitié se noue entre eux. Un jour que Jacob emmène Bella dans un terrain désert pour essayer les motos, elle entend dans son esprit la voix d'Edward. Elle décide de chercher avec Jacob le pré dans lequel ils avaient l'habitude d'aller ensemble. Mais, subitement, Jacob tombe malade et disparaît pendant plusieurs jours. Alors elle se rend seule dans la prairie où elle trouve une surprise : Laurent, assoiffé, est sur le point de la tuer quand elle est sauvée par des loups-garous.

Bella se rend alors chez Jacob et apprend alors que celui-ci est un loup-garou. Elle sent subitement l'odeur des vampires et est sur le point de rebrousser chemin, mais elle voit la voiture de Carlisle garée. Elle veut alors aller chez les Cullen, mais Jacob l'en empêche et ils finissent par se disputer.

De retour chez elle, Bella trouve Alice qui est venue passer quelques jours auprès d'elle et lui apprend qu'Edward va se suicider à Volterra, car il croit Bella morte. Elles partent le chercher ensemble en Italie, le trouvent et Bella le sauve en l'empêchant de s'exposer à la lumière du soleil. Mais après cela les Volturi exigent qu'elles restent. Aro, un Volturi, est sur le point de la tuer quand Alice lui raconte qu'elle va devenir l'une des leurs, alors ils les laissent rentrer chez elles. La vie reprend son cours.

Bella et la famille Cullen décident la transformation de la jeune fille, puis en fixent la date : après les examens. Edward s'engage à la transformer si elle accepte de l'épouser.

Synopsis de *Twilight* : *Hésitation*

La relation entre Bella et Jacob est affectée par le départ de celle-ci à Volterra pour reprendre Edward des mains des Volturi. Mais un autre danger guette Bella : Victoria. Dans la ville de Seattle a lieu une série d'assassinats. Edward est convaincu qu'il s'agit d'un vampire incontrôlable. Ces événements préoccupent la famille Cullen car le nombre de morts peut attirer l'attention des Volturi et les faire venir aux États-Unis ; cela impliquerait qu'au passage ils pourraient lui rendre une visite pour vérifier si la promesse de transformer Bella a été tenue.

Les Cullen découvrent alors que Victoria est en train de préparer la création d'une armée de néophytes pour attaquer Forks et tuer Bella. Le clan de Sam et les Cullen s'allient pour combattre Victoria. Ils commencent à se préparer pour la bataille et les Cullen apprennent aux loups-garous comment tuer les néophytes. Ceux-ci sont très puissants car ils viennent d'être créés et sont terriblement assoiffés de sang. Les Cullen et leurs alliés échafaudent aussi un plan : comme Victoria cherche Bella, ils décident de lui tendre un piège avec son odeur dans un terrain vague tout en emmenant la jeune fille loin du lieu de l'attaque.

Le jour venu, comme prévu, ils installent Bella sous une tente dans une grotte loin du lieu. Edward et Jacob restent auprès d'elle. Ce dernier avoue à la jeune fille qu'il l'aime et qu'il a toujours réprimé ses sentiments. Bella est confuse : d'un côté elle aime Edward de tout son cœur, mais de l'autre elle aime également Jacob, sa seule compagnie pendant longtemps.

Blessé au cours de la bataille, Jacob est encore plus dévasté par l'annonce du mariage de Bella et d'Edward. Il décide de partir pour toujours et de vivre comme un loup-garou à part entière…

SYNOPSIS DE *TWILIGHT : RÉVÉLATION*

Les préparatifs pour le mariage de Bella et Edward commencent à Forks. Après la noce, ils partent en lune de miel sur une île appartenant aux Cullen.

À la tombée de la nuit, ils consomment enfin leur amour dans la mer. À son réveil, Edward est très en colère en découvrant Bella couverte d'hématomes, mais pour elle cela a été une expérience unique. Après l'incident, la jeune femme commence à avoir fréquemment faim, sommeil et mal au cœur, mais il ne s'agit pas d'une grossesse normale…

De son côté, Jacob attend le retour de Bella avec impatience. Les nouvelles sur l'état de la jeune fille ne tardent pas à venir : Bella aurait contracté une étrange maladie et personne ne pourrait lui rendre visite. Jacob pense que la transformation de la jeune fille en vampire s'est accomplie et il s'apprête à attaquer les Cullen tout seul. Lorsqu'il entre chez eux et voit Bella, il se rend compte qu'elle est toujours humaine, mais quelque chose est étrange : son état a empiré…

Bella accouche et meurt alors qu'Edward tente de la réanimer. À cet instant, Jacob veut tuer le nouveau-né, mais il se produit une chose inattendue : l'imprégnation entre les deux. Bella commence à reprendre conscience et se réveille transformée en vampire, Edward ayant directement introduit le poison dans son cœur. La jeune fille découvre alors les avantages d'être immortelle : elle peut voir et entendre beaucoup mieux, elle est plus rapide, elle n'a pas besoin de respirer, elle a une très grande force, etc. Le moment arrive de connaître sa fille ; toute la famille est très nerveuse car Bella est une néophyte qui ne sait pas encore contrôler sa soif – sa fille étant semi-humaine, elle peut être en danger. Finalement l'autocontrôle de Bella surprend tout le monde et elle s'adapte parfaitement à sa nouvelle vie. Quand elle apprend que Renesmée, sa fille, s'est imprégnée de Jacob, elle est furieuse. Plus tard elle découvre la forme magique à travers laquelle Renesmée communique avec les autres : grâce au toucher elle peut faire voir ce qu'elle a vécu…

Les personnages essentiels

À travers les œuvres de Stephenie Meyer, nous pouvons découvrir de nombreuses natures énigmatiques de vampires telles que les lycanthropes. L'auteur a créé tout un univers vampirique. Son récit n'est donc pas une simple histoire, il nous offre une espèce de monde parallèle de non-morts et d'êtres zoomorphes ou non humains, un monde qui cohabite avec le quotidien mais qui est soumis à d'autres règles, problématiques et objectifs.

Voici un échantillon de l'idiosyncrasie et des particularités des principaux personnages de la saga.

Famille Cullen

• Carlisle Cullen : c'est le leader et créateur (grâce à sa morsure) des vampires Edward, Esmée, Rosalie et Emmett.
• Esmée Cullen : compagne de Carlisle et mère de la famille.
• Edward Cullen : il peut lire à cinq kilomètres à la ronde dans l'esprit de n'importe quelle personne (humaine ou surnaturelle), à l'exception de celui de Bella.
• Rosalie Cullen : compagne d'Emmett. Elle est infiniment belle.
• Emmett Cullen : a une force brute considérable et un grand sens de l'humour.
• Alice Hale : compagne de Jasper. Elle peut voir le futur, sauf celui des métamorphes et de Renesmée. Quand les personnes changent de décision, le futur s'en trouve altéré.
• Jasper Hale : il a le pouvoir de changer l'état d'esprit des autres personnes en fonction de leurs désirs.
• Bella Cullen : partenaire d'Edward. Elle a un bouclier qui protège qui elle veut de toute attaque mentale.
• Renesmée « Nessie » Cullen : fille de Bella et Edward, elle est mi-humaine mi-vampire. Elle peut montrer aux personnes qui touchent sa peau n'importe quelle situation qu'elle a pu voir de ses propres yeux.

Les métamorphes

Il ne faut pas les confondre avec les lycanthropes (fils de la lune). Leur état se transmet par une morsure, tout comme chez les vampires : les métamorphes se déplacent en meutes, ils se transforment avec la pleine lune, ils sont mentalement connectés (ils voient et entendent toutes les pensées de chacun des membres de la meute) et leur existence dépend de la proximité des vampires. Le gène se transmet de génération en génération et il y a toujours un alpha qui donne des ordres auxquels les membres ne peuvent désobéir. Ils sont également affectés par l'imprégnation (une espèce d'amour qui les unit pour toujours à leur partenaire). Voici les plus singuliers :

- Jacob Black : métamorphe d'alpha par descendance.
- Sam Ulley : alpha, car dans un premier temps Jacob refuse d'être l'alpha de la meute.
- Leah Clearwater : seule femelle du troupeau. Ex-partenaire de Sam et sœur de Seth.
- Seth Clearwater : frère de Leah. Ami d'Edward et de la famille Cullen.
- Quil Ateara : ami de Jacob et d'Embry. Loup-garou.
- Embry Call : ami de Jacob et de Quil. Loup-garou.

Les clans

Les livres parlent d'un groupe de vampires qui cohabite pacifiquement avec les autres. Dans un groupe de plus de trois vampires, des heurts peuvent se produire ; c'est la raison pour laquelle, habituellement, ils ne se mêlent pas à d'autres, et moins encore pour de longues périodes.

Le clan Dénali

Ils vivent comme la famille Cullen – c'est-à-dire qu'ils se nourrissent d'animaux – et sont très liés à ces derniers. Voici les différents membres qui le composent :

• Tanya : sœur de Kate et Irina.
• Kate : elle peut produire des décharges électriques sur toute la surface de son corps.
• Irina : amie de Laurent.
• Eleazar : il peut capter les dons des personnes ou des vampires.
• Carmen : compagne d'Eleazar.

Le clan irlandais

• Siobhan : la meneuse. Elle fait en sorte que les choses se déroulent selon sa volonté.
• Liam : membre du clan, bien qu'on ne lui connaisse aucun don.
• Maggie : elle a le pouvoir de savoir quand on lui ment.

Le clan égyptien

• Amun : leader et membre le plus ancien du clan. Il est le créateur de Benjamin.
• Kebi : compagne d'Amun.
• Benjamin : il a le pouvoir d'influer physiquement et réellement sur les quatre éléments de la nature.
• Tia : compagne de Benjamin.

Le clan des amazones

• Zafrina : elle a le pouvoir de faire voir aux gens exactement ce qu'elle veut.
• Senna : sœur de Zafrina et Kachiri.
• Kachiri : aide Alice à rencontrer Nahuel.

Le clan des Roumains

• Stefan en veut aux Volturi qui un jour les détrônèrent.
• Vladimir : lui aussi en veut aux Volturi et cherche à se venger.

Les nomades

Il s'agit de vampires qui vivent loin des leurs et ne s'installent pas de façon permanente dans un même lieu. En voici quelques-uns :

• Garrett : aventurier qui aime les émotions.
• Mary : amie de Randall, même si elles ne voyagent pas ensemble.
• Randall : amie de Mary.
• Alistair : d'origine anglaise, il est assez misanthrope. Son talent est d'être un habile traqueur, mais pas autant que Demetri.
• Peter et Charlotte : amis de Jasper Hale depuis très longtemps.

Les semi-immortels

La différence avec les enfants immortels, c'est qu'ils grandissent – physiquement et mentalement – à une vitesse spectaculaire jusqu'à leurs sept ans. Quand ils ont l'air d'adultes, alors leur croissance s'arrête. La différence entre un homme et une femme semi-humains c'est que le premier porte le poison, sa morsure peut donc tuer, alors que les morsures féminines sont sans effet, puisqu'elles sont dépourvues de poison. Voici quelques-uns des semi-immortels :

• Renesmée « Nessie » Cullen : fille de Bella et Edward, elle est mi-humaine mi-vampire.
• Nahuel : il est mi-humain par sa mère, Pria, et mi-vampire par son père, Joham. Pour l'heure, c'est sa tante Huilen qui s'occupe de lui, une vampiresse transformée par Nahuel lui-même, lorsque à sa naissance il a tué sa mère. Il a aussi des sœurs semi-immortelles comme lui du côté paternel. Il vit en Amérique du Sud.

Ennemis de la famille Cullen

Les Volturi

Très ancienne et puissante famille de vampires qui vit à Volterra, en Italie. Il s'agit d'une espèce de royauté qui fait respecter ses lois parmi les vampires. La première d'entre elles est que personne ne doit savoir que les immortels existent. Voici quelques-uns de ses membres :

• Aro : rien qu'en touchant une personne, il peut voir tout ce qu'elle pense ou a pu penser.
• Cayo : il n'a aucun pouvoir, mais en tant que membre des Volturi, il jouit d'un grand respect.
• Marco : il peut voir les relations qui existent entre deux personnes.

- Alec : il annule tous les sens d'un seul regard.
- Jane : elle fait vivre à ses victimes des sensations ou des émotions, même si elles ne sont pas physiquement réelles, juste par la pensée.
- Félix : membre de la garde des Volturi.
- Demetri : il retrouve la trace de toute personne dont il a auparavant pu connaître l'odeur.
- Renata : elle est le bouclier d'Aro. Elle peut repousser les personnes qui essaient de l'attaquer de sorte que celles-ci se retrouvent désorientées, ne sachant plus où aller.
- Chelsea : il peut briser les liens émotionnels dans les relations.
- Haeidi : c'est une très belle vampiresse qui sert de traqueuse aux Volturi, et attire leurs proies.

Clan de James

- James : leader du groupe et compagnon de Victoria. C'est un traqueur qui pourchasse sa proie en suivant son odeur.
- Laurent : il passe un certain temps avec ce clan, avant de décider de visiter le clan Dénali, où il fera la connaissance d'Irina.
- Victoria : compagne de James, elle est très rapide à la course.

D'autres personnages

- Riley : un néophyte créé par Victoria pour lutter contre les Cullen. Il est amoureux de sa créatrice.
- Néophytes : vampires fraîchement transformés qui ne peuvent contrôler ni leur soif ni leur force, ce qui les rend très dangereux.

• Enfants immortels : ce sont des enfants vampires qui arrêtent leur croissance, physique autant que mentale, au moment de leur transformation. Ils sont adorables, les personnes ne peuvent pas résister à leur charme, elles deviennent donc des proies faciles pour ces jeunes prédateurs.

Galerie de vampires

Vous ne trouverez pas ici une liste exhaustive car, de fait, il est très difficile de tous les rassembler en un seul livre. Il y a autant de variétés de vampires ou d'êtres semblables que de croyances ou de cultures : chacune a les siens.

Mais les créatures que nous avons choisies dans les pages suivantes, avec celles dont nous avons déjà parlé dans les fiches vampires, sont les plus marquantes, les plus sinistres, les plus effrayantes et étranges que nous ayons pu trouver dans le folklore, les mythes, les légendes et les superstitions.

Ah Chuy Kaka : dieu maya de la guerre. On en appelait à sa force et à son pouvoir afin qu'il protège les Mayas pendant les batailles. La légende affirme qu'il s'agissait d'un dieu assoiffé de sang qui aimait tant le voir couler sur la terre qu'il faisait en sorte de déclencher les guerres.

Danag : il a découvert le vampirisme par hasard. Une femme lui avait coupé le doigt par accident, il a sucé le sang de la blessure et y a trouvé un tel plaisir qu'il est devenu un non-mort après avoir bu tout son propre liquide de vie.

Dearg-due : vampire irlandais d'origine celte qui vit près des cimetières en buvant le sang encore tiède des personnes récemment décédées et celui des vivants passant à proximité.

Doppelsauger : vampire des régions du nord de l'Allemagne qui a une prédilection pour la chair de la poitrine de ses victimes plutôt que pour leur sang ; il leur arrache la vie en les mordant tout près du cœur.

Eretica : créature russe transformée en vampire pour les hérésies qu'elle avait commises de son vivant et pour avoir vendu son âme au diable. Elle apparaît dans les ravins sous la forme d'une vieille dame qui demande de l'aide : quiconque lui porte secours termine vidé de son sang.

Estrie : vampire spirituel d'origine hébraïque, qui a pris l'aspect d'une femme. Elle se nourrit du sang frais des enfants, mais elle peut recourir à la chair des adultes.

Gayal : vampire hindou qui naît de ne pas avoir reçu de sépulture digne. Il boit du sang, mais il s'en prend aussi aux proches des personnes mortes dans la solitude.

Impundulu : mort-vivant africain qui, pour tromper ses victimes, apparaît devant elles sous les traits d'un homme bien mis. Il suce le sang, mais ce qu'il préfère c'est faire souffrir les humains et leur faire peur.

Jararaca : vampire brésilien apparaissant le plus souvent sous la forme d'un serpent qui, lorsque ses victimes sont près de lui, se transforme en femme. D'autres versions affirment qu'il garde un corps d'animal, et que pour attaquer il mord toujours les seins des femmes.

Jigarkhwar : sorcière vampire du nord de l'Inde qui préfère les viscères des humains à leur sang. Chaque fois qu'elle le peut, elle arrache le foie de ses victimes, organe qu'elle utilise par ailleurs pour prédire le futur.

Kasha : non-mort japonais qui se nourrit de cadavres. Il prend la singulière précaution de dérober leur âme aux morts avant qu'ils soient incinérés ou enterrés.

Krvopijac : vampire bulgare caractérisé par son orifice nasal unique et sa langue pointue qu'il projette comme un harpon contre ses victimes. Il cherche généralement ces dernières dans les cimetières.

Langsuir : vampire de Malaisie à l'aspect grotesque et monstrueux, doté d'ongles longs et pointus, avec une déformation du dos qui lui fait une bosse selon certains, une corne selon d'autres. Étrangement, il se transforme en belle femme pour se mêler à la population et passer inaperçu. Il enlève des enfants et se nourrit de leur sang.

Lobishomen : créature vampirique du Portugal et du Brésil qui, contrairement à la majorité des vampires, attaque ses victimes pour ingérer de petites doses de sang, car ainsi il se nourrit tout en se vengeant de l'humanité en causant folie ou nymphomanie chez les femmes.

Lugat : vampire albanais, un des plus inoffensifs du monde car, d'après la légende, il se sent très seul et est capable de ne pas infliger de morsure en échange d'une simple conversation. Dans d'autres versions, c'est un petit vampire qui mord avec douceur et prélève de petites quantités de sang à ses victimes, que par ailleurs il ne tue jamais.

Mara : vampire slave transformé en mort-vivant pour avoir été enterré non baptisé. Il apparaît dans les rêves de ses victimes, et se reconnaît parce qu'il leur oppresse la poitrine avant de les mordre. Une version plus romantique affirme que toute personne mordue par Mara devient automatiquement son amant, de sorte qu'elle sera mordue à plusieurs reprises jusqu'à ce que mort s'ensuive.

Masani : non-mort de caractère spirituel. On dit qu'il est le fantôme des terres des cimetières. Il attaque ceux qui viennent sans conviction aux processions funéraires d'hommage aux défunts.

Muroni : vampire valaque doté de la faculté de se transformer très vite en animal : oiseau (corbeau ou hibou), loup, agneau, chat. Il attaque toujours sous la forme d'un animal mais, après avoir bu du sang humain, il peut se transformer et prendre un aspect humanoïde.

Nachzehrer : vampire psychique du nord de l'Europe qui achève toutes ses victimes en pénétrant dans leur esprit et en les rendant folles.

Nelapsi : non-mort slovaque, qui mord et boit du sang, mais peut aussi tuer d'un simple regard.

Obayifo : vampire du Ghana (Côte-de-l'Or), il peut prendre l'apparence d'un homme comme celle d'une femme, choix qu'il fait en fonction de la victime qu'il attaque. Sa particularité est qu'il ne s'en prend pas seulement aux humains, il décime également les cultures.

Pelesit : créature malaise qui provoque des maladies et la mort par sa simple présence. Il profite du délire des malades pour leur dérober leur âme. Il peut boire du sang, mais le plus important pour lui est de vampiriser l'énergie de sa victime.

Penanggalan : monstre vampirique volant de Malaisie qui se caractérise par sa grosse tête, un cou et des intestins qui pendent. Il se nourrit de femmes enceintes ou sur le point d'accoucher, qu'il attaque pendant que le bébé naît.

Ramanga : vampire de Madagascar qui, s'il le peut, boit du sang, et si cela n'est pas possible, se nourrit de l'énergie vitale qu'il trouve dans des cheveux et des ongles récemment coupés.

Talamaur : non-mort australien qui a le pouvoir de maîtriser les esprits des défunts en faisant en sorte que ceux-ci travaillent pour lui. Il se nourrit d'âmes.

Ubour : il s'agit d'un vampire bulgare qui se crée instantanément lorsqu'une personne meurt de mort violente ou quand, après la mort, l'esprit du défunt se refuse à abandonner le corps. Il se nourrit des dépouilles et des restes humains des cimetières. Il ne boit du sang que lorsque les aliments ci-dessus viennent à manquer.

Upier : un des rares vampires qui mordent de jour, car il sort de sa tombe vers midi et y retourne à la tombée de la nuit. Il est caractérisé par une langue épineuse et ne se nourrit que de sang.

Upierczi : créature originaire de Pologne qui apparaît aussi dans la mythologie vampirique russe. Elle est dotée d'un aiguillon sous la langue mais n'a pas de canines. Comme le précédent, elle a la faculté de sortir pour tuer à la lumière du jour et se réveille aux alentours de midi.

Upyr : vampire russe dont la préférence va au sang d'enfant, mais il aime s'en prendre à des familles entières, en veillant à ce que les parents le voient tuer leurs enfants.

Zmeu : vampire moldave, mais on a aussi évoqué sa présence dans les nations voisines de ce pays d'Europe de l'Est, comme la Roumanie et l'Ukraine. C'est un vampire igné ; il se présente généralement sous la forme d'une flamme. Il n'abandonne son apparence de feu que lorsqu'il s'apprête à attaquer, auquel cas il se présente devant la victime transformé en un homme séduisant. Ce n'est finalement qu'une variante d'incube, ou démon nocturne qui séduit les femmes pendant leur sommeil. Celui-ci recourt aux flammes, mais avec le même objectif, car il ne s'attaque qu'à des jeunes filles vierges ou des jeunes femmes n'ayant pas encore eu d'enfants. Pour son attaque, il fusionne avec la flamme d'une bougie, car c'est de cette façon qu'il entre dans les chambres de leurs victimes pendant leur sommeil. De toute façon, la superstition affirme qu'il peut aussi attaquer quiconque s'endort devant un feu de joie ou une cheminée.

Index

Table des matières

Deuxième partie
DEUX MILLE ANS AVEC LES VAMPIRES

TROISIÈME PARTIE
ET SI LES CHOSES N'ÉTAIENT PAS CE QU'ELLES SEMBLENT ÊTRE ?

QUATRIÈME PARTIE
LES VAMPIRES ENTRENT DANS NOTRE VIE : ART ET MOUVEMENT GOTHIQUE

ANNEXES

Achevé d'imprimer en décembre 2010
par l'Imprimerie Floch à Mayenne
Dépôt légal : janvier 2011
N° d'éditeur : 10695
N° d'imprimeur : 78305
Imprimé en France